GW00470609

COLLECTION POÉSIE

PHILIPPE JACCOTTET

L'encre
serait de l'ombre

*Notes, proses et poèmes
choisis par l'auteur*

1946-2008

GALLIMARD

© *La Bibliothèque des Arts, 2009, pour les extraits de* LA PROMENADE
SOUS LES ARBRES.
© *La Dogana, 1990, pour les extraits de* LIBRETTO.
© *Éditions Gallimard, 2011, pour tous les autres textes,
et pour la présente édition.*

Je me redresse avec effort et je regarde :
il y a trois lumières, dirait-on.
Celle du ciel, celle qui de là-haut
s'écoule en moi, s'efface,
et celle dont ma main trace l'ombre sur la page.

L'encre serait de l'ombre.

Ce ciel qui me traverse me surprend.

On voudrait croire que nous sommes tourmentés
pour mieux montrer le ciel. Mais le tourment
l'emporte sur ces envolées, et la pitié
noie tout, brillant d'autant de larmes
que la nuit.

I

1946-1961

L'EFFRAIE

La nuit est une grande cité endormie
où le vent souffle... Il est venu de loin jusqu'à
l'asile de ce lit. C'est la minuit de juin.
Tu dors, on m'a mené sur ces bords infinis,
le vent secoue le noisetier. Vient cet appel
qui se rapproche et se retire, on jurerait
une lueur fuyant à travers bois, ou bien
les ombres qui tournoient, dit-on, dans les enfers.
(Cet appel dans la nuit d'été, combien de
    choses
j'en pourrais dire, et de tes yeux...) Mais ce n'est
    que
l'oiseau nommé l'effraie, qui nous appelle au
    fond
de ces bois de banlieue. Et déjà notre odeur
est celle de la pourriture au petit jour,
déjà sous notre peau si chaude perce l'os,
tandis que sombrent les étoiles au coin des
    rues.

Comme je suis un étranger dans notre vie,
je ne parle qu'à toi avec d'étranges mots,
parce que tu seras peut-être ma patrie,
mon printemps, nid de paille et de pluie aux
   rameaux,

ma ruche d'eau qui tremble à la pointe du jour,
ma naissante Douceur-dans-la-nuit... (Mais c'est
   l'heure
que les corps heureux s'enfouissent dans leur
   amour
avec des cris de joie, et une fille pleure

dans la cour froide. Et toi? Tu n'es pas dans la
   ville,
tu ne marches pas à la rencontre des nuits,
c'est l'heure où seul avec ces paroles faciles

je me souviens d'une bouche réelle...) Ô fruits
mûrs, source des chemins dorés, jardins de lierre,
je ne parle qu'à toi, mon absente, ma terre...

14

Sois tranquille, cela viendra ! Tu te rapproches,
tu brûles ! Car le mot qui sera à la fin
du poème, plus que le premier sera proche
de ta mort, qui ne s'arrête pas en chemin.

Ne crois pas qu'elle aille s'endormir sous des
     branches
ou reprendre souffle pendant que tu écris.
Même quand tu bois à la bouche qui étanche
la pire soif, la douce bouche avec ses cris

doux, même quand tu serres avec force le
     nœud
de vos quatre bras pour être bien immobiles
dans la brûlante obscurité de vos cheveux,

elle vient, Dieu sait par quels détours, vers vous
     deux,
de très loin ou déjà tout près, mais sois tran-
     quille,
elle vient : d'un à l'autre mot tu es plus vieux.

NINFA

En ce jardin la voix des eaux ne tarit pas,
est-ce une blanchisseuse ou les nymphes d'en
    bas,
ma voix n'arrive pas à se mêler à celles
qui me frôlent, me fuient et passent infidèles,
il ne me reste que ces roses s'effeuillant
dans l'herbe où toute voix se tait avec le temps.

— Les nymphes, les ruisseaux, images où se
    complaire !
Mais qui cherche autre chose ici qu'une voix
    claire,
une fille cachée ? Je n'ai rien inventé :
voici le chien qui dort, les oiseaux rassemblés,
les ouvriers courbés devant les saules frêles
brûlant comme des feux ; la servante les hèle
au bout de la journée... La leur et ma jeunesse
s'usent comme un roseau, à la même vitesse,
pour nous tous mars approche...

                    Et je ne rêvais pas

quand j'entendis, après si longtemps, cette voix
me revenir du fond de ce jardin, l'unique,
la plus douce dans ce concert...

                 « — Ô Dominique !
Jamais je n'aurais cru te retrouver ici,
parmi ces gens... — Tais-toi. Je ne suis plus
   ceci
que je fus... »

           Je la vis saluer avec grâce
nos hôtes, puis s'en aller comme les eaux s'ef-
   facent,
quittant le parc, alors que le soleil se perd,
et c'est déjà vers les cinq heures, dans l'hiver.

LA SEMAISON

Notes pour des poèmes

I

Nous voudrions garder la pureté,
le mal eût-il plus de réalité.

Nous voudrions ne pas porter de haine,
bien que l'orage étourdisse les graines.

Qui sait combien les graines sont légères,
redouterait d'adorer le tonnerre.

II

Je suis la ligne indécise des arbres
où les pigeons de l'air battent des ailes :
toi qu'on caresse où naissent les cheveux…
Mais sous les doigts déçus par la distance,
le soleil doux se casse comme paille.

III

La terre ici montre la corde. Mais qu'il pleuve
un seul jour, on devine à son humidité
un trouble dont on sait qu'elle reviendra neuve.
La mort, pour un instant, a cet air de fraîcheur
de la fleur perce-neige…

IV

Le jour se carre en moi comme un taureau :
on serait près de croire qu'il est fort…

Si l'on pouvait lasser le torero
et retarder un peu la mise à mort !

V

L'hiver, l'arbre se recueille.

Puis le rire un jour bourdonne
et le murmure des feuilles,
ornement de nos jardins.

Pour qui n'aime plus personne,
la vie est toujours plus loin.

VI

Ô premiers jours de printemps
jouant dans la cour d'école
entre deux classes de vent !

VII

Je m'impatiente et je suis soucieux :
qui sait les plaies et qui sait les trésors
qu'apporte une autre vie ? Un printemps peut
jaillir en joie ou souffler vers la mort.
— Voici le merle. Une fille timide
sort de chez soi. L'aube est dans l'herbe humide.

VIII

À très grande distance,
je vois la rue avec ses arbres, ses maisons,
et le vent frais pour la saison
qui souvent change de sens.
Une charrette passe avec des meubles blancs
dans le sous-bois des ombres.
Les jours s'en vont dedans,
ce qui me reste, en peu de temps je le dé-
    nombre.

IX

Les mille insectes de la pluie ont travaillé
toute la nuit ; les arbres sont fleuris de gouttes,
l'averse fait le bruit d'un fouet lointain.
Le ciel est pourtant resté clair ; dans les jardins,
la cloche des outils sonne matines.

X

Cet air qu'on ne voit pas
porte un oiseau lointain
et les graines sans poids
dont germera demain
la lisière des bois.

Oh ! le cours de la vie
entêté vers en bas !

XI

(La Seine le 14 mars 1947)

Le fleuve craquelé se trouble. Les eaux montent
et lavent les pavés des berges. Car le vent
comme une barque sombre et haute est descendu
de l'Océan, chargé d'un fret de graines jaunes.
Il flotte une odeur d'eau, lointaine et fade… On
    tremble,
rien que d'avoir surpris des paupières qui
    s'ouvrent.

(Il y avait un canal miroitant qu'on suivait,
le canal de l'usine, on jetait une fleur
à la source, pour la retrouver dans la ville...)
Souvenir de l'enfance. Les eaux jamais les
    mêmes,
ni les jours : celui qui prendrait l'eau dans ses
    mains...

Quelqu'un allume un feu de branches sur la
    rive.

XII

Tout ce vert ne s'amasse pas, mais tremble et
    brille,
comme on voit le rideau ruisselant des fon-
    taines
sensible au moindre courant d'air ; et tout en
    haut
de l'arbre, il semble qu'un essaim se soit posé
d'abeilles bourdonnant ; paysage léger
où des oiseaux jamais visibles nous appellent,
des voix, déracinées comme des graines, et toi,
avec tes mèches retombant sur des yeux clairs.

XIII

De ce dimanche un seul moment nous a rejoints,
quand les vents avec notre fièvre sont tombés :

et sous la lampe de la rue, les hannetons
s'allument, puis s'éteignent. On dirait des lam-
    pions
lointains au fond d'un parc, peut-être pour ta
    fête...
Moi aussi j'avais cru en toi, et ta lumière
m'a fait brûler, puis m'a quitté. Leur coque
    sèche
craque en tombant dans la poussière. D'autres
    montent,
d'autres flamboient, et moi je suis resté dans
    l'ombre.

XIV

Tout m'a fait signe : les lilas pressés de vivre
et les enfants qui égaraient leurs balles dans
les parcs. Puis, des carreaux qu'on retournait
    tout près,
en dénudant racine après racine, l'odeur
de femme travaillée... L'air tissait de ces
    riens
une toile tremblante. Et je la déchirais,
à force d'être seul et de chercher des traces.

XV

Les lilas une fois de plus se sont ouverts
(mais ce n'est plus une assurance pour per-
    sonne),

des rouges-queues fulgurent, et la voix de la
  bonne
quand elle parle aux chiens s'adoucit. Les
  abeilles
travaillent dans le poirier. Et toujours demeure,
au fond de l'air, cette vibration de machines…

LES EAUX ET LES FORÊTS

I

La clarté de ces bois en mars est irréelle,
tout est encor si frais qu'à peine insiste-t-elle.
Les oiseaux ne sont pas nombreux ; tout juste si,
très loin, où l'aubépine éclaire les taillis,
le coucou chante. On voit scintiller des fumées
qui emportent ce qu'on brûla d'une journée,
la feuille morte sert les vivantes couronnes
et, suivant la leçon des plus mauvais chemins,
sous les ronces, on rejoint le nid de l'anémone,
claire et commune comme l'étoile du matin.

II

Quand même je saurais le réseau de mes nerfs
aussi précaire que la toile d'araignée,
je n'en louerais pas moins ces merveilles de vert,
ces colonnes, même choisies pour la cognée,

et ces chevaux de bûcherons… Ma confiance
devrait s'étendre un jour à la hache, à l'éclair,
si la beauté de mars n'est que l'obéissance
du merle et de la violette, par temps clair.

III

Le dimanche peuple les bois d'enfants qui gei-
    gnent,
de femmes vieillissantes ; un garçon sur deux
    saigne
au genou, et l'on rentre avec des mouchoirs
    gris,
laissant de vieux papiers près de l'étang… Les
    cris
s'éloignent avec la lumière. Sous les charmes,
une fille retend sa jupe à chaque alarme,
l'air harassé. Toute douceur, celle de l'air
ou de l'amour, a la cruauté pour revers,
tout beau dimanche a sa rançon, comme les
    fêtes
ces taches sur la table où le jour nous inquiète.

IV

Toute autre inquiétude est encore futile,
je ne marcherai pas longtemps dans ces forêts,
et la parole n'est ni plus ni moins utile
que ces chatons de saule en terrain de marais :

peu importe qu'ils tombent en poussière s'ils
   brillent,
bien d'autres marcheront dans ces bois qui
   mourront,
peu importe que la beauté tombe pourrie,
puisqu'elle semble en la totale soumission.

1947-1950

L'IGNORANT

LE SECRET

Fragile est le trésor des oiseaux. Toutefois
puisse-t-il scintiller toujours dans la lumière !

Telle humide forêt peut-être en a la garde,
il m'a semblé qu'un vent de mer nous y
    guidait,
nous le voyions de dos devant nous comme une
    ombre...
Cependant, même à qui chemine à mon côté,
même à ce chant je ne dirai ce qu'on devine
dans l'amoureuse nuit. Ne faut-il pas plutôt
laisser monter aux murs le silencieux lierre
de peur qu'un mot de trop ne sépare nos
    bouches
et que le monde merveilleux ne tombe en
    ruine ?

Ce qui change même la mort en ligne blanche
au petit jour, l'oiseau le dit à qui l'écoute.

LA VOIX

Qui chante là quand toute voix se tait ? Qui
    chante
avec cette voix sourde et pure un si beau
    chant ?
Serait-ce hors de la ville, à Robinson, dans un
jardin couvert de neige ? Ou est-ce là tout près,
quelqu'un qui ne se doutait pas qu'on l'écoutât ?
Ne soyons pas impatients de le savoir
puisque le jour n'est pas autrement précédé
par l'invisible oiseau. Mais faisons seulement
silence. Une voix monte, et comme un vent de
    mars
aux bois vieillis porte leur force, elle nous vient
sans larmes, souriant plutôt devant la mort.
Qui chantait là quand notre lampe s'est éteinte ?
Nul ne le sait. Mais seul peut entendre le cœur
qui ne cherche la possession ni la victoire.

L'HIVER

à Gilbert Koull

J'ai su pourtant donner des ailes à mes paroles,
je les voyais tourner en scintillant dans l'air,
elles me conduisaient vers l'espace éclairé…

Suis-je donc enfermé dans le glacial décembre
comme un vieillard sans voix, derrière la
   fenêtre
à chaque heure plus sombre, erre dans sa
   mémoire,
et s'il sourit c'est qu'il traverse une rue claire,
c'est qu'il rencontre une ombre aux yeux clos,
   maintenant
et depuis tant d'années froide comme dé-
   cembre…

Cette femme très loin qui brûle sous la neige,
si je me tais, qui lui dira de luire encore,
de ne pas s'enfoncer avec les autres feux

dans l'ossuaire des forêts? Qui m'ouvrira
dans ces ténèbres le chemin de la rosée?

Mais déjà, par l'appel le plus faible touchée,
l'heure d'avant le jour se devine dans l'herbe.

L'IGNORANT

Plus je vieillis et plus je croîs en ignorance,
plus j'ai vécu, moins je possède et moins je
    règne.
Tout ce que j'ai, c'est un espace tour à tour
enneigé ou brillant, mais jamais habité.
Où est le donateur, le guide, le gardien?
Je me tiens dans ma chambre et d'abord je me tais
(le silence entre en serviteur mettre un peu
    d'ordre),
et j'attends qu'un à un les mensonges s'écartent:
que reste-t-il? que reste-t-il à ce mourant
qui l'empêche si bien de mourir? Quelle force
le fait encor parler entre ses quatre murs?
Pourrais-je le savoir, moi l'ignare et l'inquiet?
Mais je l'entends vraiment qui parle, et sa
    parole
pénètre avec le jour, encore que bien vague:

« Comme le feu, l'amour n'établit sa clarté
que sur la faute et la beauté des bois en
    cendres... »

LE TRAVAIL DU POÈTE

L'ouvrage d'un regard d'heure en heure affaibli
n'est pas plus de rêver que de former des pleurs,
mais de veiller comme un berger et d'appeler
tout ce qui risque de se perdre s'il s'endort.

*

Ainsi, contre le mur éclairé par l'été
(mais ne serait-ce pas plutôt par sa mémoire),
dans la tranquillité du jour je vous regarde,
vous qui vous éloignez toujours plus, qui fuyez,
je vous appelle, qui brillez dans l'herbe obscure
comme autrefois dans le jardin, voix ou lueurs
(nul ne le sait) liant les défunts à l'enfance…
(Est-elle morte, telle dame sous le buis,
sa lampe éteinte, son bagage dispersé ?
Ou bien va-t-elle revenir de sous la terre
et moi j'irais au-devant d'elle et je dirais :
« Qu'avez-vous fait de tout ce temps qu'on n'en-
    tendait
ni votre rire ni vos pas dans la ruelle ?

Fallait-il s'absenter sans personne avertir ?
Ô dame ! revenez maintenant parmi nous... »)

Dans l'ombre et l'heure d'aujourd'hui se tient
    cachée,
ne disant mot, cette ombre d'hier. Tel est le
    monde.
Nous ne le voyons pas très longtemps : juste
    assez
pour en garder ce qui scintille et va s'éteindre,
pour appeler encore et encore, et trembler
de ne plus voir. Ainsi s'applique l'appauvri,
comme un homme à genoux qu'on verrait
    s'efforcer
contre le vent de rassembler son maigre feu...

LA VEILLÉE FUNÈBRE

On ne fait pas de bruit
dans la chambre des morts :
on lève la bougie
et les voit s'éloigner.

J'élève un peu la voix
sur le seuil de la porte
et je dis quelques mots
pour éclairer leur route.

Mais ceux qui ont prié
même de sous la neige,
l'oiseau du petit jour
vient leur voix relayer.

LES GITANS

à Gérard et Madeleine Palézieux

Il y a un feu sous les arbres :
on l'entend qui parle bas
à la nation endormie
près des portes de la ville.

Si nous marchons en silence,
âmes de peu de durée
entre les sombres demeures,
c'est de crainte que tu meures,
murmure perpétuel
de la lumière cachée.

PAROLES DANS L'AIR

à Pierre Leyris

L'air si clair dit : «Je fus un temps votre
   maison,
puis viendront d'autres voyageurs à votre place,
et vous qui aimiez tant ce séjour, où irez-
vous ? Je vois bien de la poussière sur la terre,
mais vous me regardiez, et vos yeux paraissaient
ne pas m'être inconnus ; mais vous chantiez
   parfois,
est-ce donc tout ? Vous parliez même à demi-
   voix
à quelqu'un qui était souvent ensommeillé,
vous lui disiez que la lumière de la terre
était trop pure pour ne pas avoir un sens
qui échappât de quelque manière à la mort,
vous vous imaginiez avancer dans ce sens,
et cependant je ne vous entends plus : qu'avez-
vous fait ? Que va penser surtout votre com-
   pagne ? »

*

Elle répond à travers ses heureuses larmes :
« Il s'est changé en cette ombre qui lui
plaisait. »

BLESSURE VUE DE LOIN

Ah ! le monde est trop beau pour ce sang mal
  enveloppé
qui toujours cherche en l'homme le moment de
  s'échapper !

Celui qui souffre, son regard le brûle et il dit
  non,
il n'est plus amoureux des mouvements de la
  lumière,
il se colle contre la terre, il ne sait plus son
  nom,
sa bouche qui dit non s'enfonce horriblement
  en terre.

En moi sont rassemblés les chemins de la trans-
  parence,
nous nous rappellerons longtemps nos entre-
  tiens cachés,
mais il arrive aussi que soit suspecte la balance
et quand je penche, j'entrevois le sol de sang
  taché.

Il est trop d'or, il est trop d'air dans ce brillant
    guêpier
pour celui qui s'y penche habillé de mauvais
    papier.

LE LOCATAIRE

à Francis Ponge

Nous habitons une maison légère haut dans les
  airs,
le vent et la lumière la cloisonnent en se
  croisant,
parfois tout est si clair que nous en oublions les
  ans,
nous volons dans un ciel à chaque porte plus
  ouvert.

Les arbres sont en bas, l'herbe plus bas, le monde
  vert,
scintillant le matin et, quand vient la nuit, s'étei-
  gnant,
et les montagnes qui respirent dans l'éloigne-
  ment
sont si minces que le regard errant passe au
  travers.

La lumière est bâtie sur un abîme, elle est trem-
    blante,
hâtons-nous donc de demeurer dans ce vibrant
    séjour,
car elle s'enténèbre de poussière en peu de
    jours
ou bien elle se brise et tout à coup nous ensan-
    glante.

Porte le locataire dans la terre, toi, servante !
Il a les yeux fermés, nous l'avons trouvé dans la
    cour,
si tu lui as donné entre deux portes ton amour,
descends-le maintenant dans l'humide maison
    des plantes.

LE COMBAT INÉGAL

Cris d'oiseaux en novembre, feux des saules, tels
    sont-ils,
les signaux qui me conduisent de péril en péril.

Même sous les rochers de l'air sont des pas-
    sages,
entre lavande et vigne filent aussi des messages.

Puis la lumière coule dans la terre, le jour passe,
une autre bouche nous vient, qui réclame un
    autre espace.

Cris de femme, feux de l'amour dans le lit
    sombre, ainsi
nous commençons à dévaler l'autre versant
    d'ici.

Nous allons traîner tous deux dans la gorge ruis-
    selante,
avec rire et soupirs, dans un emmêlement de
    plantes,

compagnons fatigués que rien ne pourra plus
   disjoindre
s'ils ont vu sur le nœud de leurs cheveux le matin
   poindre.

*

(Autant se protéger du tonnerre avec deux
   roseaux,
quand l'ordre des étoiles se délabre sur les
   eaux…)

L'INSURRECTION
AU-DELÀ DES CHÊNAIES

Autre chose est de proclamer le deuil
dans l'enceinte abritée de ces montagnes,
autre chose de sortir sur le seuil
pour affronter l'atrocité qui gagne.

L'homme sans nom, sans pouvoir, dans l'ins-
    tant
réussit ce que tant chercha le sage :
tout à la rue ! Il n'est qu'un peu de sang
qui se fraiera sans attendre un passage.

À travers les montagnes transparentes,
je le vois qui se jette dans la mort :
un taureau tout en armes l'ensanglante,
enfonce dans l'asphalte tête et corps.

Le crâne où tant de rêve trouvait place
est pour tant d'or un trop fragile étui :
il s'écrase où naguère le fugace
amour courait entre les murs de nuit.

Certains appellent la foudre de Dieu
de peur de voir leurs propres mains brûlées…
Pourtant oui ! s'il se terre en quelque lieu,
qu'il foudroie ces horreurs accumulées !

*

Songes tranquilles sous l'abri des chênes :
pleurer ne creuse pas de graves plaies,
crier ne rompra pas la moindre chaîne :
rien ne franchit les frontières bouclées.

DANS UN TOURBILLON
DE NEIGE

Ils chevauchent encore dans les espaces glacés,
les quelques cavaliers que la mort n'a pas pu
lasser.

Ils allument des feux dans la neige de loin en
loin,
à chaque coup de vent il en flambe au moins un
de moins.

Ils sont incroyablement petits, sombres, pressés,
devant l'immense, blanc et lent malheur à ter-
rasser.

Certes, ils n'amassent plus dans leurs greniers ni
or ni foin,
mais y cachent l'espoir fourbi avec le plus grand
soin.

Ils courent les chemins par le pesant monstre
effacés,
peut-être se font-ils si petits pour le mieux
chasser ?

Finalement, c'est bien toujours avec le même
poing
qu'on se défend contre le souffle de l'immonde
groin.

LES DISTANCES

à Armen Lubin

Tournent les martinets dans les hauteurs de
   l'air :
plus haut encore tournent les astres invisibles.
Que le jour se retire aux extrémités de la terre,
apparaîtront ces feux sur l'étendue de sombre
   sable...

Ainsi nous habitons un domaine de mouve-
   ments
et de distances ; ainsi le cœur
va de l'arbre à l'oiseau, de l'oiseau aux astres
   lointains,
de l'astre à son amour. Ainsi l'amour
dans la maison fermée s'accroît, tourne et tra-
   vaille,
serviteur des soucieux portant une lampe à la
   main.

LE LIVRE DES MORTS

1956

I

Celui qui est entré dans les propriétés de l'âge,
il n'en cherchera plus les pavillons ni les
   jardins,
ni les livres, ni les canaux, ni les feuillages,
ni la trace, aux miroirs, d'une plus brève et
   tendre main :
l'œil de l'homme, en ce lieu de sa vie, est voilé,
son bras trop faible pour saisir, pour conquérir,
je le regarde qui regarde s'éloigner
tout ce qui fut un jour son seul travail, son doux
   désir...

Force cachée, s'il en est une, je te prie,
qu'il ne s'enfonce pas dans l'épouvante de ses
   fautes,
qu'il ne rabâche pas des paroles d'amour fac-
   tices,
que sa puissance usée une dernière fois sursaute,
se ramasse, et qu'une autre ivresse l'envahisse !

Ses combats les plus durs furent légers éclairs
   d'oiseaux,
ses plus graves hasards à peine une invasion de
   pluie ;
ses amours n'ont jamais fait se briser que des
   roseaux,
sa gloire inscrire au mur bientôt ruiné un nom
   de suie...

*

Qu'il entre maintenant vêtu de sa seule impa-
   tience
dans cet espace enfin à la mesure de son cœur ;
qu'il entre, avec sa seule adoration pour toute
   science,
dans l'énigme qui fut la sombre source de ses
   pleurs.

Nulle promesse ne lui a été donnée ;
nulle assurance ne lui sera plus laissée ;
nulle réponse ne peut plus lui parvenir ;
nulle lampe, à la main d'une femme jadis
   connue,
éclairer ni le lit ni l'interminable avenue :

qu'il veuille donc attendre et seulement se
   réjouir,
comme le bois n'apprend qu'en la défaite à
   éblouir.

II

Compagnon qui n'as pas cédé dans le souci,
ne laisse pas la peur te désarmer en ce hasard :
il doit y avoir un moyen de vaincre même ici.
Non plus sans doute avec des chèques ou des
      étendards,
non plus avec armes brillantes ou mains nues,
non plus même avec des lamentations ou des
      aveux,
ni avec des paroles, fussent-elles retenues…
Résume tout ton être dans tes faibles yeux :

Les peupliers sont encore debout dans la lumière
de l'arrière-saison, ils tremblent près de la
      rivière,
une feuille après l'autre avec docilité descend,
éclairant la menace des rochers rangés derrière.
Forte lumière incompréhensible du temps,
ô larmes, larmes de bonheur sur cette terre !

*

Âme soumise aux mystères du mouvement,
passe emportée par ton dernier regard ouvert,
passe, âme passagère dont aucune nuit n'arrêta
ni la passion, ni l'ascension, ni le sourire.

Passe : il y a la place entre les terres et les bois,
certains feux sont de ceux que nulle ombre ne
      peut réduire.

Où le regard s'enfonce et vibre comme un fer de
   lance,
l'âme pénètre et trouve obscurément sa récom-
   pense.

Prends le chemin que t'indiqua le suspens de
   ton cœur,
tourne avec la lumière, persévère avec les eaux,
passe avec le passage irrésistible des oiseaux,
éloigne-toi : il n'est de fin qu'en l'immobile peur.

III

Offrande par le pauvre soit offerte au pauvre
   mort :

une seule tremblante tige de roseau cueillie au
   bord
d'une eau rapide ; un seul mot prononcé par
   celle
qui fut pour lui le souffle, le bois tendre et l'étin-
   celle ;
un souvenir de la lumière tout en haut de
   l'air...

Et que par ces trois coups légers lui soit ouvert
l'espace sans espace où toute souffrance s'ef-
   face,
la clarté sans clarté de l'inimaginable face.

IV

Ces tourbillons, ces feux et ces averses fraîches,
ces bienheureux regards, ces paroles ailées,
tout ce qui m'a semblé voler comme une flèche
à travers des cloisons à mesure emportées
vers un but plus limpide à mesure et plus haut,

c'était peut-être une bâtisse de roseaux
maintenant écroulée, en flammes, consumée,
la cendre dont le pauvre frottera son dos
et son crâne après le passage des armées…

Seule demeure l'ignorance. Ni la mort,
ni le rire. Une hésitation de la lumière
sous nos tentes nourrit l'amour. La nourricière
approche à l'est : au petit jour un homme sort.

V

Mais si ce dont je parle avec ces mots de peu de
    poids
était vraiment derrière les fenêtres, tel ce froid
qui avance en tonnerre sur le val ? Non, car
    cela
encore est une inoffensive image, mais si la
mort était vraiment là comme il le faudra une
    fois,
où seront les images, les subtils pensers, la foi
préservée à travers la longue vie ? Comme je
    vois

fuir la lumière dans le tremblement de toute
  voix,
sombrer la force dans la frousse du corps aux
  abois,
et la gloire soudain trop large pour le crâne
  étroit !

Quelle œuvre, quelle adoration et quel combat
l'emporterait sur cette agression par en bas ?
Quel regard assez prompt pour passer au-delà,
quelle âme assez légère, dis, s'envolera
si l'œil s'éteint, si tous les compagnons s'éloi-
  gnent,
si le spectre de la poussière nous empoigne ?

VI

Au lieu où ce beau corps descend dans la terre
  inconnue,
combattant ceint de cuir ou amoureuse morte
  nue,
je ne peindrai qu'un arbre qui retient dans son
  feuillage
le murmure doré d'une lumière de passage...

Nul ne peut séparer feu et cendre, rire et pous-
  sière,
nul n'aurait reconnu la beauté sans son lit de
  râles,
la paix ne règne que sur l'ossuaire et sur les
  pierres,
le pauvre quoi qu'il fasse est toujours entre deux
  rafales.

VII

L'amandier en hiver : qui dira si ce bois
sera bientôt vêtu de feux dans les ténèbres
ou de fleurs dans le jour une nouvelle fois ?
Ainsi l'homme nourri de la terre funèbre.

LA PROMENADE
SOUS LES ARBRES

SUR LES PAS DE LA LUNE

Le silence presque absolu qui se fait parfois au dehors, même dans une grande ville, à la fin de la nuit, ne m'est jamais apparu comme un bonheur, j'en étais effrayé plutôt, et je reprendrai un jour l'examen de ces moments parfois curieusement difficiles : il semble que dans l'espèce de mur qui nous protège se soit ouverte brusquement une faille derrière laquelle s'amassent, mais sans entrer, les troupes du vide, de gros fantômes cotonneux. Tout au contraire, en cette nuit de lune dont je veux parler, le silence semblait être un autre nom pour l'espace, c'est-à-dire que les bruits très rares, ou plutôt les notes qui étaient perçues dans la fosse nocturne, et en particulier le cri intermittent d'une chouette, ne s'élevaient que pour laisser entendre des distances, des intervalles, et bâtir une maison légère, immense et transparente. Mais il en était de même pour les astres ; tenté d'abord de les comparer à un filet scintillant au-dessus de moi, je voyais bien que l'image était trop concrète (peu m'importait qu'elle fût banale) ; mais qu'ils ne fussent que des signes, des nombres, des figures, je ne pouvais l'admettre davantage. Il est sûr toutefois que, d'une certaine manière, ils étaient reliés, ils ressemblaient aux cris de la chouette… Mais je repenserai d'abord à d'autres éléments de cette nuit.

*

Le Ventoux n'était plus qu'une vapeur, il n'était lui-même presque plus rien que l'indication du lointain et la dernière partie perceptible de la terre. Mais, en réalité, toutes les choses qu'on pouvait discerner cette nuit-là, c'est-à-dire simplement des arbres dans les champs, une meule peut-être, une ou deux maisons et plus loin des collines, toutes ces choses, claires ou noires selon leur position par rapport à la lune, ne semblaient plus simplement les habitants du jour surpris dans leur vêtement de sommeil, mais de vraies créations de la lumière lunaire ; et à toutes ces choses, au silence comme aux rares étoiles et aux feuilles, les mêmes images venaient s'attacher dans mon esprit fasciné sans jamais le satisfaire : je pensais à de la glace, à l'univers des glaciers, dont j'ai de profonds et lointains souvenirs, mais le vent très faible qui faisait s'élever jusqu'au mur éblouissant de la maison l'odeur de l'herbe coupée chassait ces trop froides images ; je pensais à de la brume, mais tout était limpide ; je pensais à la fraîcheur des torrents que j'avais toujours aimés (cette foudre d'eau dans les rocs), mais c'est alors l'extrême immobilité du paysage que je troublais de trop de turbulence. Les mots *léger, clair, transparent,* me revenaient sans cesse à l'esprit avec l'idée des éléments *air, eau* et *lumière*; mais ces mots, chargés de tant de sens, ne suffisaient pas, il eût fallu encore les situer les uns par rapport aux autres pour qu'entre eux aussi s'établissent de mélodieuses, et pas trop mélodieuses distances. Il fallait continuer à chercher.

*

À quoi pensais-je encore dans ce bonheur? Eh bien! si absurde que cela puisse paraître, l'idée me vint de ce qu'on appelle le «royaume des morts»; sans doute m'égarais-je ainsi dans le rêve, et dans toutes les illusions du rêve, mais cette tentation-là était aussi incluse dans la nuit lunaire, et si je ne poursuis que la vérité d'une expérience, je devais aussi m'y abandonner. Un instant donc, il me parut que, tel le héros d'un conte, j'avais ouvert par mégarde une porte sur un lieu jusqu'alors inconnu ou même interdit, et que je voyais, avec une parfaite tranquillité d'esprit, le monde des morts; ce n'était pas une vision funèbre, pas davantage une imagerie pieuse; cela ne ressemblait, je crois, à aucune tradition sur l'Au-delà, et je dois encore préciser que j'y avais accédé avec l'aisance et le naturel propres aux événements fabuleux.

Les choses n'avaient plus de corps ; ou du moins, ce qui s'attache pour nous à la pensée du corps, moiteur, fatigue, poids, caducité, corruption, elles en étaient délivrées, véritables oiseaux ; mais cette délivrance ne les faisait pas pour autant spectrales ou chimériques, je n'avais pas sous les yeux, du moins je les ressentais ainsi, de grotesques bâtisses de fumée. Comme les astres, je le redis, elles n'étaient ni des rêves, ni des notions ; comme le Ventoux splendide encore que presque imperceptible, elles étaient toujours la terre et cependant la lune les avait changées. Il me sembla que je commençais à mieux comprendre toutes les images qui m'étaient passées par la tête à leur occasion, et la joie tranquille où je me trouvais de les voir. Une terre plus libre, plus transparente, plus paisible que la terre ; un espace émané de ce monde et pourtant plus intime, une vie à l'intérieur de la vie, des figures de la lumière suspendues entre le soir et le matin, le chagrin et l'ivresse, le pays des morts sans doute teinté de noir mais quand même sans horreur, pas un bruit qui ne parût juste et nécessaire, n'étais-je pas entré cette nuit-là, sur les pas de la lune, à l'intérieur d'un poème ? J'allais poser le pied dans l'herbe, n'ayant plus peur, prêt à tous les changements, altérations et métamorphoses qui pourraient m'advenir.

NOUVEAUX CONSEILS
DE LA LUNE

Deux ou trois ans après cette nuit de lune que je viens de décrire, je retrouve la même merveille, et en moi une réaction toute semblable, que je puis simplement essayer de préciser et d'approfondir.

*

Je vois le monde bâti de beaux étages : et du bas en haut une tranquillité, une immobilité presque absolue. Pays où l'on se couche tôt après des journées de chaleur écrasante. À une certaine heure, même les motos ont été absorbées par les lointains ; pour se déplacer encore, pour agir encore, il n'y a plus que des oiseaux de nuit à peine visibles, une chevêche au vol absolument silencieux et régulier, simple passage d'une chose noire dans le noir ; et le bruit régulier des grillons, comme de quelqu'un qui perce avec obstination un trou. Cela dans les masses noires des feuilles elles-mêmes ensommeillées et confondues au cœur de leur respiration silencieuse. En bas, si l'on veut, est une foule endormie, un camp de feuilles avec de loin en loin le passage d'un courrier ou le cri d'un veilleur ; en bas est une multitude assemblée sans désordre.

Et si je lève seulement un peu les yeux, mon regard sans aucun effort se trouve transporté vers les lointains plus simples et déjà plus clairs ; vers ce qui marque les limites du pays visible, c'est-à-dire des montagnes basses dont la forme longue et calme s'accorde parfaitement à l'idée du sommeil. Là je remarque une ou deux lumières de villages scintillant parmi des vapeurs : une tendresse vague nous saisira toujours à la vue de ces signes humains sans orgueil et sans grossièreté.

Plus haut encore paraît Jupiter dans sa gloire, l'immense fraîcheur du ciel, la ronde lune qui efface les constellations mineures et ne laisse subsister que l'indication de quelques sources.

Je sens que, pour dire cela, il faudrait un poème presque sans adjectifs et réduit à très peu d'images ; simplement un mouvement vers le haut, et non point un mouvement brusque, ni intense, ni rapide, mais une émanation, une fumée de fraîcheur ; cette nuit est l'haleine d'une endormie, le rêve qui monte de ses yeux fermés ; le fantôme de son amour qui prend congé de nos difficultés.

Qu'elle repose, qu'elle dorme ! Que dorment tous les travailleurs, et je laisserai mes yeux voler jusqu'aux derniers étages visibles de la maison.

Il me semble qu'à cette heure, je surprends le changement de nos peines en lumière.

Je regarde encore, après quoi, ayant fait moi aussi mon travail, j'irai dormir apaisé à mon tour. C'est bien une ascension des choses que je considère, ou comme la montée d'un angle dont la pointe irait toucher l'énigme de nos vies; de même pourrait monter des profondeurs noires le murmure de celui qui fait passer sa barque de l'un à l'autre bord du fleuve, une sorte de conseil qu'il nous souffle à l'instigation d'Hécate : que d'une main bienheureuse et tremblante telle la main qui flatte une femme étendue, nous poussions cette porte aux ferrures brillantes, que nous ouvrions cette fenêtre embuée sur un air à jamais léger.

*

Il y a quelques chances, je le sais, pour qu'on me demande ce que tout cela signifie (au regard, par exemple, des événements, ou simplement de notre difficile existence quotidienne). Il me paraît, d'ailleurs, que cette question serait justifiée.

Parfois, il me semble aussi qu'on pourrait simplement laisser ce texte tel qu'il est, compte rendu à peu près exact d'une impression, songerie sans poids, aveu de bonheur... Mais il est vrai que je suis le premier à en attendre davantage, quelque chose comme un enseignement. Je ne crois pas recommandable de trop jouer avec les mots, de trop se fier à leurs jeux ; il faudrait donc que je décide si j'eus vraiment le droit de parler comme je l'ai fait, à deux reprises, d'une nuit de lune.

À chaque fois, ce fut à peu près la même chose, et si les images auxquelles j'aboutis sont différentes, leurs insinuations se ressemblent. J'avais trouvé un passage, et non point tortueux ni difficile ni même dangereux, mais au contraire parfaitement aisé, délicieusement simple et direct. Mais qu'y a-t-il de plus simple que songes et mensonges ? Faire disparaître nos difficultés dans cette lumière d'illusion, faire s'évaporer notre lourdeur, changer nos larmes en scintillations, quoi de plus facile ? Pourtant, cette illusion faisait partie, à sa manière, du monde réel, et je devais en tenir compte.

*

Il y a là, j'en conviens, une étrange énigme. L'essentiel me paraît être qu'après des recherches plus ou moins longues tendant à une expression juste, on aboutisse, même si le résultat est provisoire et discutable, à une sorte d'éclaircissement qui nous réjouit. Y aurait-il donc en effet un but à atteindre ? Un instant où l'expression serait si juste qu'elle rayonnerait vraiment comme un astre nouveau ?

Je dois dire une chose, quitte à me couvrir de ridicule : c'est que la recherche de la justesse donne profondément le sentiment qu'on avance vers quelque chose, et s'il y a une avance, pourquoi cesserait-elle jamais, comment n'aurait-elle pas de sens ?

Notre œil trouve dans le monde sa raison d'être, et notre esprit s'éclaire en se mesurant avec lui.

*

En sommes-nous moins exposés à tout ce que la vie contient d'atrocité, sur les variétés de quoi je ne veux pas m'appesantir ? Cette nuit semblait répondre « oui » à cette question qui monte elle aussi des profondeurs ; elle semblait dire au corps : un seul geste, et tu n'auras plus de poids, plus de peines ; avance encore, monte encore, adore encore, et ce qui t'effraie se résorbera en fumées ; fais-toi de plus en plus fin, de plus en plus aigu et pur, et tu ne craindras point les plus douloureux, les plus extraordinaires changements. Ton œil a vu de telles merveilles que ton regard ne peut être confondu avec lui, ni avec quoi que ce soit de poussiéreux et de corruptible.

*

Mais encore, et encore, et encore ? Sur quelle balance peser ces mots trop prompts à affirmer et à nous réjouir ? Est-ce que nous ne tirons du monde que l'écho de nos désirs ? Du moins servirait-il alors à nous les faire apparaître ; et que la lune finalement, comme le veulent les Japonais, que cette nuit tout entière fût simplement un miroir, cela même ne serait pas si faux… Sombre miroir où paraissaient de loin en loin, parfois masqués un instant par un souffle de dormeur, des yeux très attentifs et très brillants, où étaient-ce des lampes en divers points de l'espace continuant à brûler près d'amours inoubliables, de larmes lentes à couler, de pensées obstinées ? D'un de ces regards à l'autre, d'une de ces lueurs à la prochaine étaient des distances tendues comme des fils invisibles, distances qu'il fallait franchir, chemins sombres qu'il fallait prendre une bonne fois pour que toute l'image reflétée dans le miroir eût un sens ; lequel sens durerait peut-être même quand le miroir, à l'aube, serait brisé par l'irruption d'un nouveau jour.

*

D'images en images glisse avec bonheur la pensée qui est pareille à un rêve ; elles sont en effet comme des portes qu'on ouvre l'une après l'autre, découvrant de nouveaux logis, mettant en communication des foyers qui paraissaient incompatibles ; un esprit soucieux d'honnêteté en tirerait-il tant de joie si elles étaient absolument dépourvues de fondement réel ? Ne faut-il pas penser plutôt que, même sans être jamais vérifiables, elles nous portent vers ce qu'il peut y avoir autour de nous ou en nous de vérité cachée ; ou même qu'elles rebâtissent à chaque

fois, dans l'esprit du songeur, des clartés tou-
jours nouvelles et toujours à refaire ?

Qu'un poète soit un arbre couvert de paroles
plus ou moins parfumées n'est pas une image
très juste, puisque ses paroles changent et que
nul ne peut les prévoir ; il est vrai cependant
qu'un jour il semble s'écrouler comme l'arbre,
et pourrir. Mais non sans avoir tout essayé pour
que ce qui tombe alors ne soit plus qu'un
vêtement superflu, l'uniforme de son office ter-
restre, et que tout ne se réduise pas à ce dépouil-
lement.

*

(Paroles prononcées en l'air, sur les conseils
de la lune, et que bientôt viendront disperser
pluies de sang, cris de coqs égorgés comme des
porcs et affolement de spectres au petit jour.)

ÉLÉMENTS D'UN SONGE

À LA LONGUE PLAINTE
DE LA MER, UN FEU RÉPOND

Elle a levé les yeux vers lui, c'est à peine si elle ose lui parler, faute de savoir s'y prendre ; c'est aussi que rien n'est plus difficile, que chacun évite de trahir sa fierté et son secret. Pourtant elle se décide, parce qu'elle est trop lasse, parce que la conseille une grande douceur à la fin du jour : « Avons-nous vraiment perdu ce feu ? » dit-elle comme s'il était plus discret maintenant de parler par images. « Est-ce qu'il ne peut flamber qu'à condition d'être bref, et, en ce cas, comment ferons-nous ? » Elle pourrait se rappeler le nostalgique poème qui redit sans cesse : « Enfance, qu'y avait-il alors, qu'il n'y a plus ?... » Ainsi toute lumière semble-t-elle vouée à n'éclairer que le passé, par rapport ou grâce à une ombre présente. Ainsi le paradis recule-t-il, ne cesse-t-il de reculer, pour se situer enfin au commencement du temps, avant le commencement du temps. « Qu'allons-nous faire ? Je ne veux pas traîner dans la nostalgie. Et quels sont ces ennemis qui ne cessent de nous attaquer de toutes parts, qui essaient de nous détruire avant même que nous soyons morts ? Est-ce que la mort nous travaille dès le premier jour que nous sommes entrés avec un grand cri dans son empire ? Réponds-moi, et ne reste pas ainsi à sourire de ce sourire qui semble n'être à personne adressé ! La vie serait-elle impossible en dehors des solutions banales que nous avons toujours méprisées ? Fallait-il, aurait-il fallu plutôt que nous restions seuls et que nous refusions ces lois apparemment benoîtes, cruelles pourtant puisqu'elles semblent nous user et si promptement nous détruire ? »

Cependant qu'elle parle, cherchant ses mots, avec des silences entre les mots, le soir tourne sur toute l'étendue de la mer, et les vents tournent eux aussi, comme si rien ne pouvait protéger cette île de leurs humeurs, de leurs violences, de leurs brusques fatigues. Parfois leur force est si grande, et ils charrient avec les nuages une humidité si épaisse que les gens pâlissent ou se prennent la tête à deux mains. Ainsi ai-je vu une femme vomir sur le seuil d'un café, une autre que l'on avait dû étendre dans l'arrière-salle de la boucherie. Les embruns couvraient les vitres de buée, les plages changeaient de forme, noircissaient dans une étouffante odeur d'algues et de goudron. Je me rappelai alors comment notre pasteur parlait de Dieu, dans la petite chambre dont chaque objet était un défi à la beauté, une défense dérisoire contre la pression du vrai monde : comme un sous-ordre eût parlé d'un patron exceptionnellement vertueux et capable, disposant sur ses ouvriers des pleins pouvoirs ; et comme il eût parlé de lui devant des ouvriers assez peu soucieux qu'existât ou non ce lointain personnage, plutôt gênés simplement par sa venue éventuelle, irrités d'avance à l'idée qu'il pourrait leur faire une remarque désagréable sur leur tenue, ou même sur leur conduite en dehors des heures. De ces propos, de l'ennui dont ils étaient imprégnés et qu'ils dispensaient, je ne pouvais me souvenir sans dégoût. S'il fallait parler de Dieu, que ce fût comme en avaient parlé les prophètes, enveloppés, emportés par sa puissance : si le moindre vent du sud pouvait nous retourner le cœur, qu'était-ce que Dieu, sinon un vent capable d'absorber ce vent par sa seule approche ? Et, dès lors, comment était-il permis d'en parler sur le ton d'un maître d'école évoquant un grand capitaine entre un bâillement et un coup de férule ? Ou que ce fût comme en parlaient les saints : cherchant leurs mots, perdant leurs mots, perdant le souffle, comprenant, ou plutôt éprouvant dans le fond de leur être qu'ils ne pouvaient en parler, qu'ils pouvaient seulement chercher des mots qui fussent comme des flèches lancées vers le lieu même qu'ils étaient sûrs de ne jamais pouvoir atteindre…

Il me semblait, peut-être à tort, que n'importe quelle insouciance de Dieu était préférable à ce glacial et placide usage de son nom, entre quatre murs qu'il ne pouvait habiter, pas plus que le feu ne brûle dans un réceptacle clos. Que n'ouvrait-il donc un passage, cet homme qui s'était voué au service de l'Absolu, dans ces cloisons aux trop suaves tapisseries ! C'était cela qu'il devait faire, et déchirer, meurtrir, détruire ; précipiter ces âmes trop paisibles, trop sérieuses aussi, dans un passage où s'engouffrerait, avec d'autant plus d'impétuosité que celui-ci serait plus étroit, le souffle de l'Esprit. Comment ces hommes, s'ils ont l'assurance de Dieu, ne sont-ils pas pleins à craquer de bonheur, comment se fait-il, s'ils savent d'expérience profonde, indubitable, qu'ils n'accomplissent ici qu'un exercice d'éternité, comment se peut-il qu'ils aient cet air timidement contristé de croque-morts ? Ou alors, s'efforçant de regagner les masses, et particulièrement les êtres jeunes, pleins de force, qu'ils prennent ces airs de chef scout, de représentant en bonne humeur ? Comme si leur sérieux et leur jovialité étaient également forcés, comme si ces défenseurs assermentés de la vie intérieure avaient fini par se réduire à un uniforme.

Elle n'a pas bougé de sa place, près de la fenêtre, elle est si jeune, si totalement franche que sa pensée, sa parole sont toujours sans fard ; aussi préfère-t-elle souvent le silence à des paroles qui pourraient faire mal. Mais aujourd'hui, elle en cherche encore d'autres, non sans effort, non sans hésitation ; puis, quand elle a parlé, elle se détourne pour cacher ses yeux qui sont si près des larmes, et ce qu'elle voit alors, ce sont de brèves pluies sur les eaux, et des brumes rapides au-dessus de la terre qui dissimulent presque entièrement le port, les premières lumières aux fenêtres des maisons basses. Lui aussi regarde ce fragment de monde, comme s'il y cherchait du secours contre les menaces du temps, contre la double épée du temps. « Nous avons vu briller ce monde, dit-elle encore, tu le sais. Les brumes, les rochers, les forêts ne nous séparaient pas plus l'un de l'autre qu'ils n'étaient séparés de nous. Ce que j'ai appelé un feu, non, je ne puis dire que cela ait jamais été un feu pour moi, ni peut-être pour toi. Notre naissance fut éclairée par la lune et nous a fait longtemps préférer aux tonnerres du jour le frémissement des froides eaux dans l'herbe. Mais ce que signifiait le mot feu dans mon esprit, c'était plutôt, je crois, quelque chose qui vit intensément sans qu'aucune agitation le déporte, quelque chose qui se nourrit du sol pour mieux s'élever vers la légèreté des hauteurs en éclairant, en animant ce qui l'entoure. » « Notre feu fut un arbre », répond-il enfin, comme entraîné par la douceur de ces errantes paroles. Elle ne le suivra pas sur ce chemin des images, où trop aisément l'objet évoqué efface l'objet à saisir ; elle ne veut accepter aucun risque de mensonge. Et l'air brusquement s'est fait plus froid, une espèce de terreur vieille comme le monde habite ce froid, à laquelle il ne faut pas se laisser aller non plus.

« Qu'est-ce qui me manque, ne me le diras-tu pas ? Ne vois-tu pas que j'ai changé, que j'en suis peinée, inquiète, éprouvée ? » Je comprends bien ce qu'elle cherche à saisir, ce qu'elle voudrait trouver. Cela n'est pas sans lien avec mon souvenir des pasteurs répétant comme une morne leçon ce qui fut proféré d'abord dans la tempête. Ô dieu infiniment éloigné maintenant, et certains disent avec soulagement qu'il est mort. Dieu qui n'est plus qu'un souvenir de Dieu, sans force, sans autorité, non pas comme parut l'être le Christ à sa naissance, puisque dans l'étable il fit s'agenouiller des rois, mais comme pourrait l'être vraiment la dernière bête ou la dernière paille de l'étable, un insecte que l'on n'avait pas remarqué et qui soudain montre un reflet d'or sur ses élytres de prêtre. Qu'est-ce que cela signifie, toutes ces images des anciens dieux ensevelies dans les déserts, les cendres, les eaux ; ces tiares jetées aux ordures avec les crânes de chevaux ; ces églises pleines de foin ou de barriques, et ces énormes cloches de bronze qui descendent rejoindre au fond des rivières les canons de conquêtes depuis longtemps oubliées ou annulées ? Et si le temps l'emporte même sur nos dieux, ou du moins sur les masques que nous leur prêtons pour n'être pas aveuglés par eux, comment ne menacerait-il pas plus rapidement notre profane bonheur ? Et que sont donc, en définitive, ces feux dont nul ne peut nier qu'ils ne se soient allumés plus ou moins brusquement et avec plus ou moins d'intensité et d'extension au cours des âges ? D'où tirent-ils cette puissance qui, quelquefois, vient encore expirer à nos pieds, tels la dernière vague ou le dernier pétale de la mer ? Et d'où leur vient cette faiblesse irritante qui empêche aucun d'eux de triompher définitivement et de changer une bonne fois la vie ? Tel est le mystère auquel se heurtent cet homme et cette femme, jeunes encore, assis comme au bord extrême d'un monde très ancien et très aimé, cherchant à se défendre de la tristesse qui gagne tout paysage sur le point d'entrer dans l'obscurité douteuse. Tant de signes depuis le commencement de l'histoire ! Eux-mêmes en ont vu quelques-uns, mais ils savent qu'il en existe infiniment plus qu'ils n'auront jamais le temps d'en découvrir. Tous ces signes, si différents puissent-ils être, convergent vers l'affirmation d'une possibilité inouïe, merveilleuse ; d'une énigme qui est à la fois notre effroi et notre espoir. Et il ne s'agit pas d'une science, ni d'affirmations dogmatiques ; mais toujours d'une expérience qui recommence en nous à la faveur de ces signes. Est-il possible que nous refusions de considérer cela qui nous presse de toutes parts, et du fond de l'histoire aussi bien, dès que notre regard s'aiguise et où qu'il se tourne ensuite, avec *autant* d'entêtement et d'intensité que la pensée de l'échec, du non-sens et de la mort ? Les plus vieilles paroles volent vers nous avec l'éclat de la flèche et nous meurtrissent d'une joie hésitante : qui ose encore ravaler au rang de la bête ou de l'ordure ceux qui les ont prononcées presque sans le savoir, comme si elles leur avaient été d'abord soufflées ? À travers l'opacité des sables remonte une pierre gravée, une statue ; sur les murs ensevelis, démantelés, resurgit une forme vaguement colorée, et tous répètent la même leçon pressante et pleine de fierté. Aujourd'hui...

«Aujourd'hui», dit-il enfin maintenant que la nuit est venue, que le bienheureux enfant dort avec l'abandon d'une longue plante portée par les eaux du sommeil, «aujourd'hui nous sommes aveuglés parce que, de nos plus affreux songes, l'obscurité hostile semble avoir envahi les jours, et comme l'encre de la seiche avoir teinté de noir toute la mer. Les terreurs qui étaient enfouies en eux jusqu'ici, et que l'aube venait dissiper d'un léger mouvement d'ailes, de plumes, en très grande foule ont envahi les rues, les corridors, les chemins éclairés. Ouvrir les yeux, allumer la lampe ne suffit plus à les chasser. Maintenant nous marchons parmi les fantômes et les meurtriers, il y a des taches de sang sur les murs des oratoires, des fusils sur les promenades torrides qui longent les entrepôts des ports. Cela serait encore peu de chose ; mais notre regard, qui fut longtemps très lent et de portée très réduite, a étendu son champ presque à l'infini, et comme accéléré sa course ; ainsi ce qui paraissait le plus immobile et le plus calme s'anime-t-il : les montagnes disent qu'elles s'effondrent, les astres crient qu'ils explosent. Il nous est imposé de comprendre de nouvelles proportions du monde, et c'est ce qui exige de nous tant de courage, tant de force. Si mon regard se ferme maintenant à ce que nous paraissons être tous deux en cet instant précis, assis l'un près de l'autre devant cette fenêtre (et nous sentons la fraîcheur du mois de juin, nous voyons que la lune a déposé son épée sur les eaux, nous entendons le souffle d'un enfant et celui du vent d'ouest, si faible qu'il n'agite plus que les touffes extrêmes des pins; et encore y a-t-il en nous toute la profondeur des souvenirs qui descend bien au-delà de notre naissance, les espaces parcourus ou habités, et le ciel de l'imaginaire), si j'oublie cette multiplicité et cette richesse tremblante entre nous, si j'oublie aussi pour un instant tes beaux yeux assombris et ce qui luit faiblement de ton épaule contre l'appui de la fenêtre, que m'est-il donné de voir, qui n'est pas moins certain que cette proximité murmurante, scintillante, que cette douceur qui nous déchire et nous réunit? »

Peut-être n'écoute-t-elle plus depuis longtemps, à la manière des femmes qui savent qu'il vaut mieux ne pas interrompre les rares, les interminables discours de leurs compagnons. Peut-être est-elle pourtant plus heureuse déjà de l'entendre qui parle enfin selon son cœur, et d'accueillir avec la même distraction ensommeillée le mouvement des paroles, celui des hauts arbres noirs, celui des vagues. Peut-être est-ce un recommencement de bonheur que simplement ces propos que sa bouche lui donne comme des baisers. Une espèce de prière qui est dite sans intention de prière et dans l'ignorance de qui pourrait l'accueillir. Elle sent, elle pressent déjà, sans en être du tout sûre, quelque chose : que cet ennuyeux discours, bien trop grave et trop solennel à son goût, même s'il ne répond pas à sa question, est à lui seul, peut-être, un maladroit début de réponse. Aussi feint-elle l'intérêt, avec gentillesse, de peur qu'il n'aille se décourager. Elle demande : « Que vois-tu donc, de ce prompt coup d'œil ? — Avec l'œil de l'oiseau qui parcourt sans fatigue d'interminables espaces vides, je vois que nous habitons la braise, et la braise s'éteint ; ce monde sur le versant duquel nous avons marché ensemble avec tant de joie, et où, si tu le veux, nous marcherons encore un peu de temps, ce monde où les traces de nos pas sont si légères, n'est lui-même que l'aile tour à tour étincelante et sombre d'un papillon dont l'aire de vol n'est guère vaste, et la durée limitée. Comment pouvons-nous respirer dans un domaine si fragile, et que bâtirons-nous sur cette terre qui n'est que de la fumée ? »

Il semble qu'il se dérobe à la question en cédant à des visions un peu simples, un peu trop frappantes. Elle a voulu dire qu'elle avait peur, que leur bonheur était menacé, et pour toute réponse il lui offre l'image du monde tel qu'il l'entrevoit par éclairs, un monde pas plus sérieux qu'une graine de bardane. Et bientôt la nuit, qui n'est jamais aussi courte qu'en cette saison, sera de nouveau voilée par les couleurs superbes du jour, ils se disputeront, ils riront, ils auront vieilli ; c'est quelquefois portant ces rutilantes couleurs que le malheur s'avance, une question ayant ouvert la porte, nulle réponse ne l'ayant refermée… Mais que celle qui aime soit patiente et réprime ce bâillement incongru, même si les propos du parleur le méritent. «Le voilà encore à prêcher!» pense-t-elle avec un tendre agacement.

«Ce monde pareil à une étincelle n'est pas si étranger que tu crois au scintillement de la mer maintenant, ni aux longs feux de ton regard. Ce qui nous a été dit au commencement est un rêve aussi fort que cette constatation de notre faiblesse. Car il y a ce fait mystérieux que tout commencement, d'abord, ne peut même pas être appelé commencement (qui suppose suite et fin), mais semble échapper au temps. En tout commencement il y a une merveilleuse puissance qui se moque de ce qui viendra ensuite, ou qui ne peut le concevoir (bien qu'il y ait eu auparavant des millions d'autres commencements dont n'apparaît que trop clairement l'usure, une fois retombés dans le temps), une puissance enivrante qui nous entoure de paroles joyeuses comme d'une troupe d'anges, paroles disant et redisant tout autour de nous, d'un mouvement si continu qu'il n'y a plus de faille possible entre elles par où se glisserait l'incertitude ou la terreur : *Voici ce qui est donné par l'amour, le lieu de la lumière, la certitude de l'insaisissable qui nous sauve!* C'est dans un tel commencement que tout est proche, que tout est présent, qu'il n'y a plus besoin d'aucune flèche, d'aucune parole, parce que la cible n'existe pas encore, ni la distance au bout de laquelle on pourrait la dresser... »

Cette fois le bruit de ses larmes a couvert le bruit des paroles, parce que ce dont il parle, c'est justement ce qu'elle pense avoir perdu, maintenant qu'ils peuvent compter les années qu'ils ont déjà passées ensemble. Elle se dit : « Maintenant, il ne peut plus y avoir que des leçons de professeur ou de pasteur, des règles morales, ou la rupture des règles, celle-ci enchaînant si étroitement le malheur au nouveau bonheur que ce nouveau bonheur est un faux recommencement, une poursuite aussitôt persécutée, une fuite plutôt. Et nous nous étions promis fidélité. »

C'est alors que, pensant toujours à ce pasteur dont le souvenir ne me quittait pas, tant il m'avait fait de peine et parce que je ne pouvais accepter pour Dieu cette façon-là de mourir (qui était, plutôt que mort, assoupissement), j'imaginai qu'il devait y avoir une autre possibilité d'en parler ; que rien n'était plus stérile que le culte et le regret du commencement. Déjà je n'aimais pas certains livres de souvenirs qui élèvent l'enfance à l'état de paradis parce que leurs auteurs n'ont pas eu la force ou la possibilité de changer, s'épuisant dans la sotte nostalgie du temps où ils n'avaient qu'à se laisser porter par le temps. Il me semblait qu'on pouvait admettre, dans toutes les variantes de l'histoire du Paradis, une part de vérité, comme une allusion à une vérité ; je voyais bien l'éclat particulièrement intense que prennent les écrits, les œuvres d'art que nous appelons primitives, c'est-à-dire premières. Il fallait donc admettre une bonne fois pour certaine une chose ; et je voudrais l'exprimer ici simplement, car je crois cela tout à fait possible, sans aucun recours à un langage de spécialistes (il s'agit d'une expérience commune) : de même que notre cœur tour à tour s'approche et s'éloigne de la plénitude, tantôt éprouvant avec force le bonheur du commencement, tantôt s'attristant de le perdre et craignant de l'avoir à jamais perdu, de même dans le mouvement de l'histoire les cités, les nations, les civilisations apparaissent tantôt baignées dans la plénitude, *naturellement* fécondes (ce qui ne veut pas dire heureuses, mais nourries, vivantes, rayonnantes), tantôt portées par le regret ou l'attente de cette richesse ; et quelquefois, comme aujourd'hui, arrivées au point extrême de l'exil, là où même le regret et l'attente risquent d'être engloutis par la trop grande, la trop désertique distance. Aussi certaine qu'à nos yeux la présence du soleil est pour notre esprit celle de cette plénitude mobile et changeante, dont il nous est difficile seulement de comprendre *pourquoi et comment* elle change. Et nous n'aimons tant les commencements que parce que nous nous en croyons plus éloignés que jamais. Voilà l'expérience indubitable et simple que notre vie nous a donné de faire, et dont tout ce que nous avons pu apprendre dans les livres nous offre d'autres images, plus ou moins nettes, plus ou moins véridiques.

Et quand je demandais au pasteur de parler

comme les prophètes ou comme les saints (c'est-à-dire comme ceux qui vécurent une fois le commencement ou comme ceux qui ne cessent de le revivre, retrouvant d'un bond la proximité et le feu), je faisais fausse route, car je l'invitais à singer une violence qui n'a de sens que naturelle. Je devais comprendre que pour lui aussi, Dieu s'était éloigné et affaibli ou obscurci, que sans doute sa situation n'était pas enviable, et l'une des plus difficiles. Mais ne pouvant admettre non plus qu'il continuât de tisonner un feu éteint en ressassant de vieilles formules, il fallait que je cherche une autre voie encore : le chemin de qui se refuse à trahir la plénitude même quand celle-ci paraît infiniment éloignée et douteuse, même quand on ne sait plus où la chercher, même quand tout la bafoue. Ce qu'un poète a nommé, justement, la *fidélité*.

Si l'homme qui veut parler de Dieu a perdu le tonnerre, le feu, la tempête ; s'il n'a jamais connu le prodigieux vol de l'âme vers l'abîme des hauteurs ; s'il est cet anonyme que ne pare nulle grâce exceptionnelle et qui traîne de jour en jour sa timidité, son souci, sa gaucherie ; cet homme que divers liens enchaînent et de qui les pas seraient plutôt embarrassés ou boiteux qu'ailés ; ce serviteur à qui sa religion n'a même pas donné un costume d'or pour l'aider à rayonner, même pas le secours de la beauté, mais l'uniforme d'un juge pauvre et une demeure plus semblable à un caveau qu'à un théâtre, si cet homme-là maintenant, pour comble, se voit la charge de parler non contre des hommes aussi démunis, aussi minables que lui, mais contre toutes les puissances déchaînées de la destruction, comme si précisément l'orage, les flammes, les tempêtes étaient passés à l'ennemi et devenus faux orages, fausses flammes, faux tourbillons, mais d'autant plus efficaces que faux… que lui reste-t-il à faire ? Ayant connu la vraie plénitude, il sait qu'elle n'est pas de même nature que ce vacarme, que ce remplissage ; ayant connu le vrai commencement, il sait qu'il ne peut se confondre avec la frénésie du neuf, le désir de changer à tout moment, l'agitation inséparable du refus du passé. Mais qui lui donne autorité ? Personne, sinon l'invisible, l'insaisissable et le lointain ; sinon le méprisé, le haï, le refusé. Encore cet insaisissable n'est-il pas tel seulement pour les autres, mais aussi pour celui qui s'est mis à son service : comment doit-il, comment peut-il parler encore de cette source qui paraît perdue, et opposer cette source, opposer cette larme brève à tout ce qui brille, flamboie, gronde, se déchaîne parmi les hommes, tout près de nous, sur nous ? Si je comprends qu'il ne peut pas vociférer à son tour sans artifice ou tricherie, qu'il ne peut pas davantage parler avec l'assurance de ceux qui ont forcé l'altitude et vu fondre à la lumière divine les apparences les plus monumentales, quelles armes lui prêterai-je encore, sinon précisément l'absence d'armes et le dénuement le plus grand ? Mais il faut préciser ces images.

« Il s'agit », dit-il maintenant à l'endormie (et c'est parce qu'elle dort, presque nue, dévoilée par la lune, un foyer de douceur, qu'il peut enfin parler vraiment), « d'une nouvelle espèce d'amour, peut-être de la seule qui nous soit permise encore, et qui nous guidera sans bruit de la disparition théâtrale du soleil à son pâle retour. L'amour des égarés, le compagnon des ombres qui vieillissent, celui qui même à une infinie distance de la source suffit à établir ce silence où le bruit de la source demeure perceptible. Toi qui dors maintenant, toi qui as roulé ta beauté dans les plis de la nuit et qui respires en même temps que la mer, comprends qu'il est inutile de pleurer ni l'enfance du monde, ni notre enfance, ni l'enfance de notre amour ; mais que nous devons plutôt changer avec les heures et les années en maintenant toujours ouvert l'espace qui est derrière nous, celui qui est devant nous (tout étoilé d'obscure ignorance), et celui qui nous entoure. Ainsi ne pourrons-nous cesser un instant de respirer et d'être libres, ainsi le monde ne pourra-t-il cesser d'entrer dans notre chambre et de tromper nos gardiens. Nous nous souviendrons des premiers jours, des premières nuits où nous fûmes ensemble ; de la grâce de notre insouciance, de ce bonheur sans plus de poids que l'ombre, de ces quelques instants où il n'y eut plus ni mouvement, ni distance ; mais que ce ne soit pas pour nous tourner avec mélancolie en arrière, comme les débiles pleureurs du romantisme. En réalité, il n'y a de temps perdu que celui qui fut franchi sans amour, et encore n'est-ce pas certain ; il n'y a pas de temps perdu, mais l'alimentation perpétuelle, visible ou cachée, de notre cœur. Si la lumière du commencement ne nous éclaire plus que par intermittence ou de très loin, qu'elle demeure donc simplement tel un astre dans la distance, telle cette lampe que je vois brûler dans le miroir de la mer, et que sa distance aussi soit acceptée, en même temps que le chagrin inséparable de l'éloignement et du mouvement. Pas plus qu'il n'est convenable à un homme mûr de faire l'enfant (car il caricature ainsi et l'enfance et la maturité), il ne serait décent que nous jouions, pour les prolonger à tout prix, les extases de l'adolescence. Si nous acceptons le temps et les lois du temps, quand bien même ce serait à chaque instant difficile, il me semble que ces lois en deviennent moins sévères, et les limites de toute sorte moins opaques. Il suffit que nos regards s'accordent. Si ton sommeil était moins profond, tu entendrais maintenant les portes de la maison battre, le vent chasser des feuilles et des débris sur la terrasse, le monde qui s'approche avec une douceur pleine de force et de persuasion, qui entre, qui passe, et nous ne lui opposons plus aucun obstacle. Les souvenirs, les grâces reçues autrefois, le peu de science que l'on a pu acquérir ; puis tout ce qui surgit de l'instant ; puis les rêves, les désirs, l'attente : ombre ou lumière venue de derrière nous, de devant nous, de l'extérieur ou de l'intérieur, qu'aucune crainte, qu'aucun refus ne les éloigne ! Ainsi pourrait demeurer préservée une plénitude en dépit de tout, une autre espèce de plénitude… L'une, qui ne peut nous éblouir qu'un instant et qu'il serait vain de vouloir absolument étaler dans la durée, pour laquelle elle n'est pas faite, était si puissante qu'elle absorbait les distances, les limites, les obstacles. Celle-ci, la seule peut-être que nous ayons le droit de connaître maintenant, nous est donnée lorsque nous n'attachons plus aux distances, aux limites et aux obstacles qu'une importance secondaire; lorsque notre patient, silencieux et fidèle amour, au lieu de se blesser à leurs angles, s'efforce de les rendre transparents et légers. Toute une vie ne peut être de trop pour un pareil effort, et aucun vieillissement ne devrait parvenir à le briser, pour peu que l'ouverture en tous sens fût maintenue, jusque sous les coups, les pluies de pierre ou de feu. Est-il aventure plus digne d'être tentée ? Les autres certes font plus de bruit : le révolté vocifère, ameute des spectateurs pour qu'ils admirent le courage avec lequel il a démoli les murs de sa maison ; mais cela ne suffit pas, il faut qu'il en démolisse d'autres et finalement, s'il est logique, qu'il se détruise lui-même ; et l'esprit perpétuellement crispé dans le souci du refus, plus qu'il ne se libère, s'enferme dans les ruines et les batailles. Qui fait tournoyer une épée pour abolir l'obscurité qui l'enserre n'est-il pas prisonnier de l'éclat tournoyant de l'épée ? Nous nous associerons plutôt dans la patience et dans l'attention, et il se peut que ce temps qui nous paraît désert lentement se réillumine et se repeuple. Enfin, même si le monde explose, nous ne sommes pas sûrs qu'il n'y aura pas, dans cette énorme foudre, une inimaginable possibilité... »

Il a préféré céder à son tour au sommeil. Maintenant ils sont couchés côte à côte et ils se tiennent par la main. Eût-il résisté quelques instants de plus, il aurait entendu les premiers oiseaux sous les pins (encore une journée d'air, encore une chance pour les baisers et les visions!), il aurait vu le monde recommencer dans une clarté de lait, des feux s'éteindre, d'autres naître et se multiplier sur les eaux qui à cette heure sont presque toujours tranquilles. Maintenant qu'il a ainsi parlé, il semble que puissent revenir à lui toutes les magies du temps et de l'espace, cette façon qu'a l'insaisissable de surgir moins dans un lieu que dans ce qui sépare et relie les lieux, dans le passage des instants : neiges emportées au-dessus des champs dans le gouffre de l'hiver, jardins qui croissent dans la nuit, et feux glacés des eaux s'enfonçant au printemps dans la terre...

Peut-être n'est-il donc pas tout à fait impossible de parler de l'insaisissable : du milieu de nos jours, d'une voix plutôt basse que tremblante (et certes ce n'est pas aisé à dire!), avec à la fois une grande certitude (merveilleuse, propre à disséminer le bonheur mieux qu'aucun souffle de mars) et la conscience qu'elle peut toujours être remise en question : comme si, entre tous ces hauts monuments destinés à crouler étincelaient des liens qu'aucune destruction n'altère ; ou, au contraire, comme si par les failles de la beauté, par les blessures, par le manque, s'engouffrait le souffle douloureux et fabuleux qui nous porte inlassablement au-delà du manque et de la faute.

Est-ce la nuit qui m'a permis de dire cela, ainsi qu'il semble ? Est-ce dans la nuit que j'ai puisé cette force ? Non pas. J'ai marché longtemps ici au bord de la mer incendiée ou dans les forêts pareilles à des fours de pierre. J'ai entendu aussi l'oiseau qui chante en plein jour au-dessus du lit des amants. Et c'est d'avoir vu si près de moi, si souveraines, toutes ces choses dont je n'ignore pas l'inconsistance : arbres, rochers, marées, que j'ai tiré la force de répondre à cette plainte, d'opposer à la mer illimitée des plaintes un seul baiser, une aile, une plume, un peu de paille.

LA NUIT DES AGNEAUX

Je continuerai la poursuite, la recherche des illusions merveilleuses. Il faudrait plusieurs vies pour en épuiser la fascination. Peut-être n'en faudrait-il pas moins pour parvenir à les évoquer si simplement que le lecteur oublie qui parle, les paroles elles-mêmes, et atteigne d'un trait au bonheur.

Je parlerai encore d'une nuit de lune, mais cette fois lointaine et cachée. Car, si l'astre éclairait la nuit au dehors, je ne voyais de mon lit que la fenêtre comme de la brume dans un cadre noir. Peut-être, s'il y avait eu des agneaux campés devant la maison, aurait-ce été la même espèce de clarté. J'imaginais ces bêtes pures, vouées à la lune, et je me rappelai soudain une phrase écrite « sur des feuilles d'or », ainsi que Rimbaud le souhaitait de sa vie, la formule que l'on retrouve sur plusieurs lamelles orphiques : « Agneau, je suis tombé dans le lait » ; mot de passe, peut-être, que l'on n'a jamais pu interpréter définitivement, courte phrase qui, pourtant, me semble posséder un étrange pouvoir, assez proche de celui de toutes ces nuits qui m'ont touché depuis que j'habite notre haute maison. J'y devine, obscurément mêlées, des allusions à la pureté, à la nuit, à la naissance ; allusions en soi théoriques, mais dont l'accord dans cette phrase énigmatique et simple se creuse en nous un long et doux chemin.

J'eus ainsi l'impression de flotter sur un fleuve de lait à travers la nuit sans limites. Je ne voyais que la fenêtre laiteuse, et l'ombre autour, mais je me représentais les étoiles, et je me rappelai aussi une certaine espèce de mousse qui ressemble à des étoiles : pensée vive comme la lumière, heureuse de courir dans l'espace, brillant du seul fait de sa course...

Très tenace est le sentiment que ce sont des troupeaux d'âmes qui éclairent, habitent, peuplent ces nuits-là, leurs doux replis brumeux près de la terre, leur fraîche transparence au-dessus des montagnes. Les anges, ces grandes figures blanches qui, dans l'Ancien Testament, s'avancent absolument intouchables vers des villes condamnées, je pouvais presque les imaginer alors comme d'invisibles mouvements de l'air...

Je pensais aussi à une phrase de Claudel dans *Connaissance de l'Est*[1], phrase qui me poursuivait

1. À tout prendre, j'ai dû imaginer cette phrase sur le souvenir que j'avais de l'admirable texte intitulé *La Maison suspendue* ; du moins ne l'ai-je pas retrouvée.

depuis longtemps et me semblait décrire l'état le plus enviable : «J'habite à l'intérieur d'une cascade.» Comme si le Temps n'était pas seulement ce qui nous consume, mais aussi cette fraîcheur exquise qui nous enveloppe, ces ruptures de la lumière, ce ruissellement purifiant... Ma rêverie était comme un arbre dans le brouillard, détaché de ses racines, apparition plus exaltante que spectrale, et volontiers je m'élevais à sa suite.

Il fallait cependant en revenir à cette fenêtre obscure tandis que dormaient mes deux compagnons, à ce rideau de brume qui me découvrait une fois de plus, mais d'une manière propre uniquement à ce moment-là, que la nuit pouvait être bien autre chose que ce que l'on croit communément, un espace « entre doux et hagard » ; et ma rêverie ne serait traduite exactement que si je lui donnais des ailes, que si je parvenais à lui communiquer ce léger tremblement d'une clarté vague au-dessus du sol, où fussent présents des agneaux en troupe serrée... où fussent présents peut-être des personnages, des voyageurs invisibles sur les routes proches et que je connaissais si bien pour les avoir cent fois parcourues.

L'immense et léger espace... Où si souvent, d'ordinaire, le vent le plus violent souffle, au point que l'on ne peut croire que rien y soit immobile. Dans le silence, dans la maternelle ou féminine lumière de cette nuit, il me fallait imaginer des voyageurs voilés, des cœurs emportés par leur battement, des pieds qui défiaient la menace funèbre de la poussière. On avait dû leur dire, au moment du départ : « Tu trouveras à gauche de la maison des morts une source, et auprès un peuplier blanc ; cependant tu ne t'approcheras point de cette source ; tu en trouveras une autre, une eau fraîche coulant du lac de Mémoire ; il y a des gardiens devant ; tu leur diras : Je suis fille de la Terre et du Ciel constellé, et ma race est divine ; vous le savez vous-même. La soif me brûle, me consume ; donnez-moi donc vite de l'eau fraîche coulant du lac de Mémoire. Et ils te laisseront boire à la fontaine divine, et toi tu régneras avec les autres héros. » Puis des mots obscurs, épars, à peine audibles : « … devoir mourir… écrivit cela… les ténèbres alentour…[1] ».

Que leur avait-on donc ainsi conseillé, sinon de se souvenir, s'ils voulaient pouvoir passer sans périr jusqu'à l'entrebâillement des portes du jour ? Sinon d'emporter avec eux pour tout bagage leurs souvenirs, leur passé changé en aliment de rêverie, apaisant leur soif, éteignant leur feu, lavant leurs taches ? Ou encore de regagner leur origine, leur naïve enfance ? Chose curieuse, pour ces voyageurs, pour cette femme puisqu'on lui avait parlé au féminin, qui s'éloignait sur la route, que je ne verrais plus peut-être un jour, pour cette aventurière qui ne redoutait

1. Lamelle orphique de Petelia, d'après D. Comparetti.

pas de marcher dans cette douce obscurité, on avait conseillé de boire à la source de son passé… J'aurais imaginé plutôt une autre exhortation. Mais que pressentais-je, où m'égarais-je à mon tour?

Je ne reniais pas la beauté de l'enfance, mais je craignais la tristesse, le poids de ce qui est perdu, l'avarice de qui compte et recompte ses trésors enfouis, la prudence du riche. À la voyageuse, l'eussé-je vue de mon seuil au moment qu'elle partait, qu'elle me quittait pour l'obscurité, j'aurais plutôt essayé de dire : «Vois cette merveilleuse incertitude de la lumière nocturne, ce doux danger, ce tremblement presque sensuel. Si tu te retournes, tu seras changée en fantôme ou en pleurs. Et je ne te dirai même pas d'attendre l'aube. Explore seulement ta peine, découvre le chemin tel que les arbres l'assombrissent, la rivière dont la pleine lune trahit le froid glissement vers en bas, les parfums que le souci révèle. Et que cette silencieuse ardeur te porte jusqu'où l'esprit ni les conseils ne peuvent atteindre… »

Sans doute avait-elle peur de ne pouvoir se confier à aucun guide plus catégorique, irréfutable. Beaucoup d'êtres vivent ainsi dans une crainte incessante, crainte de la crainte ; et chaque jour qui passe, on dirait, leur donne un peu plus raison. Changer ne serait rien encore, ni même aller à l'aventure ; mais que le jeune sourire, que les yeux clairs, que les souples cheveux ; que seulement la voix de cette voyageuse entr'aperçue, imaginée, rêvée, loin de se changer simplement, comme il eût été agréable de le penser, en jasmin ou en herbe fine, fussent blessés, rongés, offensés ; non pas emportés dans d'autres mondes, même infiniment lointains et inconnus, non pas dérobés à nos sens, mais menacés d'abord d'ensanglantement, de lacération ; que l'âme fière fût humiliée, le regard heureux terni, sali, comme rayé... Cela est trop horrible pour entrer dans la loi des mondes, et je ne sais s'il est une puissance capable de résister à cette pensée.

L'approche quelquefois lugubre du matin avait peut-être apporté ces images. Je ne pouvais être enchaîné par elles ; je devais donner ses chances au jour.

Quel esprit resterait assuré dans un monde à la fois si complexe et si frêle ? Vraiment, j'aurais aimé rire de quiconque s'écrie : « J'ai compris le secret, il n'est pas deux façons d'agir... » Mais que faire ? Que faire, disons simplement pour ne pas démériter, pour ne pas rougir de soi ? À la voyageuse, à l'angoissée de cette nuit pourtant si tendre, pouvais-je dire simplement d'attendre que je fusse devenu plus sage, puisque sa marche l'emportait, que c'était déjà tout juste si je l'apercevais encore, si ma voix réduite à un murmure l'atteignait ? Plutôt dire une chose incomplète, incertaine que se taire, mais plutôt se taire que mentir... J'aurais encore essayé de la sorte : « Sois gravement légère, sauvage et docile, inquiète et hardie ; ni enchaînée à ta source, ni tout à fait oublieuse ; emportée par ta marche, cédant à la fatigue, ni servile, ni hautaine ; toujours entre deux extrêmes sans jamais te montrer médiocre... » Propos eux-mêmes plus flottants que les lueurs qui les avaient fait naître. Un autre jour, j'essaierais de les préciser, de les fortifier : à la clarté du soleil, devant ma vraie, vivante, rétive voyageuse. Maintenant j'étais entraîné, maintenant les heures de la nuit filaient en troupeaux de plus en plus clairs, et pour l'âme qui se laissait emporter volontiers parce qu'elle croyait juste la direction prise, il n'y avait plus de souffrance possible, elle m'autorisait à dormir.

NOTES DE CARNET

(La Semaison)

I

L'attachement à soi augmente l'opacité de la vie. Un moment de vrai oubli, et tous les écrans les uns derrière les autres deviennent transparents, de sorte qu'on voit la clarté jusqu'au fond, aussi loin que la vue porte ; et du même coup plus rien ne pèse. Ainsi l'âme est vraiment changée en oiseau.

*

Peu avant huit heures, par ciel entièrement couvert, le monde n'est plus que brun, une table de terre. Ici une lampe allumée dans la rue, jaune comme un soleil sans rayons, là une porte dorée qui s'ouvre, une ombre regardant le temps qu'il va faire sur le jardin.

*

Au matin, le grésil.
Le soir, après que la neige n'a pas cessé de

tomber, un paysage blanc, brun et noir comme on en voit ici rarement. Cette si légère charge sur les arbres, c'est comme si nous regardions à travers un tulle. Une gaieté enfantine gagnait tout le village : les vieux jetaient des boules.

*

Ce soir, lumière dorée dans l'air froid. Comme elle quitte vite les arbres et s'élève jusqu'aux nuages emportés par le vent. Dans le jardin, feuilles mortes de l'acacia, jaune pâle, les premières à tomber ; il y en a chaque jour abondance sur le sol. Celles du plaqueminier changent avec plus d'éclat, de lenteur et de complexité, tandis que les fruits mûrissent. Le pêcher, vert encore, s'éclaircit pourtant. La vigne est presque toute dépouillée, vieille, malade. Couleurs des marguerites d'automne ou petits chrysanthèmes, si bien accordées à la saison. Un buisson rose du haut en bas.

Voici que maintenant l'or vire au rose, et que le vert des champs, des arbres, fonce, passe du vert jaune au vert bleu. Flèches du vent. La route a la couleur de l'eau, de l'ardoise. Quelques nuages sont déjà comme de la fumée. Intimité de la lumière dans la chambre, sur le papier blanc qui à son tour est devenu presque rose. Une enveloppe d'ombre sur les livres, les objets. Rien que le bruit du vent et des paroles.

Bientôt la nuit empêchera d'écrire sans lampe.

Le jour n'habite plus que l'extrême hauteur du ciel. Nous tournons le dos au soleil.

Nuages mauves, lilas. Papier presque bleu. Un feu qui s'éteint. Je ne vois presque plus les mots.

De l'autre côté c'est encore de l'or. Tandis qu'à l'est le bleu gagne. Or-argent. Jour-nuit.

Élever une fois de plus l'ornement sur la nuit, l'abîme. Ornement rêvé : à la fois savant et musical, ferme et sourd, vaste et caché. Modèles : Hölderlin, Leopardi, quelques poèmes de Baudelaire.

Mouvement aisé dans l'immense. Oiseaux. Autres exemples, les plus beaux peut-être, chez Dante : *Dolce color d'oriental zaffiro...* Mais aujourd'hui plus de thomisme, de nombres sacrés, etc. Solitude, abandon, menaces, et d'autant plus doux le saphir.

Réserves (absurdes bien sûr !) : sur les allégories et les pensées de Leopardi, la tension de Hölderlin, les attitudes de Baudelaire.

Autre chose devrait être tenté peut-être, où trouvent accord non pas paisible, mais vivant, légèreté et gravité, réalité et mystère, détail et espace. L'herbe, l'air. Des entrevisions infiniment fragiles et belles — comme d'une fleur, d'un joyau, d'un ouvrage d'or — situées dans l'extraordinaire immensité. Astres et nuit. Discours vaste et fluide, aéré, dans lequel prennent place avec discrétion des joyaux de langage. Comme ce qui apparaît aussi, de loin en loin, dans la brume. Ou alors on est penché sur une besogne modeste, et soudain on se rappelle la profondeur de l'espace et du temps.

*

À partir de l'incertitude avancer tout de même. Rien d'acquis, car tout acquis ne serait-il pas paralysie ? L'incertitude est le moteur, l'ombre est la source. Je marche faute de lieu, je parle faute de savoir, preuve que je ne suis pas encore mort. Bégayant, je ne suis pas encore terrassé. Ce que j'ai fait ne me sert à rien, même si ce fut approuvé, tenu pour une étape accomplie. *Magicien de l'insécurité le poète...*, juste parole de Char. Si je respire, c'est que je ne sais toujours rien. *Terre mouvante, horrible, exquise*, dit encore Char. Ne rien expliquer, mais prononcer juste.

Comment recommencer pourtant ? Tout est là. Par quel chemin détourné, indirect ? Par quelle absence de chemins ? À partir du dénuement, de la faiblesse, du doute. Avec l'aide de l'oubli de ce qui fut fait, du mépris de ce qui est fait et applaudi, conseillé ou intimé aux écrivains d'aujourd'hui.

En particulier par défi à l'aplatissement des âmes. Non point les défroques des princes, des chevaliers, mais leur fierté, leur réserve. Il n'est pas de poésie sans hauteur. De cela au moins je suis sûr, et fort de cette assurance à défaut d'une autre force. Mais pas de châteaux : les rues, les chambres, les chemins, notre vie.

*

Je parle pour cette ombre qui s'éloigne à la fin
    du jour
ou n'est-ce pas plutôt elle qui chante en s'éloi-
    gnant,
son pas qui parce qu'il l'emporte dans les
    champs
parle avec toute la douceur de la distance?
Quel est cet air plus mélodieux que l'air,
sinon la déchirure même et la distance de la
    terre
qui murmure amoureusement, sinon les heures
qui de passer font une suite de paroles?

Qui disparaît ne pleure point, mais chante.
Les arbres, les maisons, les fleurs s'effacent tour
    à tour
jusqu'aux chemins où l'ombre va toujours du
    même pas,
les yeux mi-clos fixés sur la flèche des eaux.
Et là où l'ombre enfin se dérobe à ma vue
à peine plus haut qu'elle si docile et disparue,
s'élève le souffle d'une montagne.

*

Je glisse dans ta main qui ne touchera plus
le rêche ni le tendre de la terre cette feuille
à peine une aile, à peine une flèche un peu
    claire
en manière de guide, ou de lampe, ou d'obole;

elle n'a contre la voracité du gouffre
que la force de l'invisible. Ce qu'elle dit
n'est qu'au tonnerre de la ruine le défi
de ce qui ne peut être vu ni cru ni affirmé
directement ou par image, et dont pourtant
je te fais don. Ce qu'elle porte est comme trace
éparse dans la neige, d'un passage
attestant qu'il n'est pas de sourire qui ne
   s'efface
qu'il ne naît de sourire que sous la hache
du temps.

                    *

Comment te tiendras-tu dans ce délabrement
   des mondes
effondrement, tempête, invasion d'infinités
leur triomphe au milieu de nos ruines s'avance
entre deux files d'atterrés, portant des trophées
   d'astres.
Il ne laissera rien debout de nos songes
de nos refuges

Où faut-il que ton pied se pose, et que ton
   cœur
cherche aliment? Le monde glisse, les saisons
se dérobent, et les plus pures lignes sont
   brouillées.
Les joints des mots se rompent, certains som-
   brent,
d'autres s'éloignent, mais le fond même
et la distance même ne sont plus saisis.

112

Y aura-t-il des larmes assez claires
pour nous creuser un chemin dans ces terres ?
Mais s'il ne s'agit plus de terres, de chemins,
de nuit à traverser, s'il n'y a plus
de terre, plus de jour, plus d'étendue ?
Si la source des pleurs est asséchée ?
Si le vent, même pas le vent, si la tempête
ou plutôt la tempête dans les tempêtes
emporte les moindres propos
et la bouche qui les disait, et les visages
qui se tendaient vers sa douceur, et la douceur,
emporte l'emportement même
comme un feu qui se retournerait contre lui-
    même
et qui dévorerait le souvenir du feu, le nom du
    feu,
jusqu'à la possibilité du feu,
si la mer se retire de la mer, et si les mondes,
tous les mondes se roulent comme tente au lever
    du camp ?
Qui peut encor parler si l'air lui manque ?
Nul avant nous n'aura songé de plus aveugle
    songe
ni de plus près vu plus vaste désordre.

*

   Le bois ne se distingue de la terre que par sa
forme. Tout est couleur de terre, presque couleur
de rose, jusque là où campe la neige. J'oppose
un feu de vieux bois à la neige, aux boutons

neigeux de l'amandier. L'avant-printemps. Quel-
ques paroles jetées légères.

*

Étrange, cela.
J'ai considéré la face de la nuit, et les joyaux
dont elle orne son éloignement. Sultane insaisis-
sable, le bas du visage sous le voile de la brume
lunaire, beauté brûlée, calcinée, tison qu'aucune
main ne peut saisir.

*

Bonheur désespéré des mots, défense déses-
pérée de l'impossible, de ce que tout contredit,
nie, mine ou foudroie. À chaque instant c'est
comme la première et la dernière parole, le
premier et le dernier poème, embarrassé, grave,
sans vraisemblance et sans force, fragilité têtue,
fontaine persévérante ; encore une fois au soir son
bruit contre la mort, la veulerie, la sottise ; encore
une fois sa fraîcheur, sa limpidité contre la bave.
Encore une fois l'astre hors du fourreau.

*

Tout était poudre grise sauf un peu de feu
et le loriot disait : Qui es-tu ? Que fais-tu ?
Rien n'avançait encore vers sa fin.

*

Transhumance. Troupeaux sur le mail, lune croissante, bêlements accordés à sa lumière. Ânes attachés au mur. Béliers, leurs combats, les bêtes formant cercle, scène sacrée. Le soir tombe. Poussière.

II

1962-1970

II

(1063-1073)

AIRS

Fin d'hiver

Peu de chose, rien qui chasse
l'effroi de perdre l'espace
est laissé à l'âme errante

Mais peut-être, plus légère,
incertaine qu'elle dure,
est-elle celle qui chante
avec la voix la plus pure
les distances de la terre

Une semaison de larmes
sur le visage changé,
la scintillante saison
des rivières dérangées :
chagrin qui creuse la terre

L'âge regarde la neige
s'éloigner sur les montagnes

Dans l'herbe à l'hiver survivant
ces ombres moins pesantes qu'elle,
des timides bois patients
sont la discrète, la fidèle,

l'encore imperceptible mort

Toujours dans le jour tournant
ce vol autour de nos corps
Toujours dans le champ du jour
ces tombes d'ardoise bleue

Vérité, non-vérité
se résorbent en fumée

Monde pas mieux abrité
que la beauté trop aimée,
passer en toi, c'est fêter
de la poussière allumée

Vérité, non-vérité
brillent, cendre parfumée

LUNE À L'AUBE D'ÉTÉ

Dans l'air de plus en plus clair
scintille encore cette larme
ou faible flamme dans du verre
quand du sommeil des montagnes
monte une vapeur dorée

Demeure ainsi suspendue
sur la balance de l'aube
entre la braise promise
et cette perle perdue

LUNE D'HIVER

Pour entrer dans l'obscurité
prends ce miroir où s'éteint
un glacial incendie :

atteint le centre de la nuit,
tu n'y verras plus reflété
qu'un baptême de brebis

Jeunesse, je te consume
avec ce bois qui fut vert
dans la plus claire fumée
qu'ait jamais l'air emportée

Âme qui de peu t'effraies,
la terre de fin d'hiver
n'est qu'une tombe d'abeilles

AU DERNIER QUART
DE LA NUIT

Hors de la chambre de la belle
rose de braise, de baisers
le fuyard du doigt désignait
Orion, l'Ourse, l'Ombelle
à l'ombre qui l'accompagnait

Puis de nouveau dans la lumière,
par la lumière même usé,
à travers le jour vers la terre
cette course de tourterelles

Là où la terre s'achève
levée au plus près de l'air
(dans la lumière où le rêve
invisible de Dieu erre)

entre pierre et songerie

cette neige : hermine enfuie

Ô compagne du ténébreux
entends ce qu'écoute sa cendre
afin de mieux céder au feu :

les eaux abondantes descendre
aux degrés d'herbes et de roche
et les premiers oiseaux louer
la toujours plus longue journée
la lumière toujours plus proche

Dans l'enceinte du bois d'hiver
sans entrer tu peux t'emparer
de l'unique lumière due :
elle n'est pas ardent bûcher
ni lampe aux branches suspendue

Elle est le jour sur l'écorce
l'amour qui se dissémine
peut-être la clarté divine
à qui la hache donne force

Oiseaux, fleurs et fruits

Une paille très haut dans l'aube
ce léger souffle à ras de terre :
qu'est-ce qui passe ainsi d'un corps à l'autre ?
Une source échappée au bercail des montagnes,
   un tison ?

On n'entend pas d'oiseaux parmi ces pierres
seulement, très loin, des marteaux

Toute fleur n'est que de la nuit
qui feint de s'être rapprochée

Mais là d'où son parfum s'élève
je ne puis espérer entrer
c'est pourquoi tant il me trouble
et me fait si longtemps veiller
devant cette porte fermée

Toute couleur, toute vie
naît d'où le regard s'arrête

Ce monde n'est que la crête
d'un invisible incendie

Je marche
dans un jardin de braises fraîches
sous leur abri de feuilles

un charbon ardent sur la bouche

Ce qui brûle en déchirant l'air
rose ou par brusque arrachement
ou par constant éloignement

En grandissant la nuit
la montagne sur ses deux pentes
nourrit deux sources de pleurs

Tout à la fin de la nuit
quand ce souffle s'est élevé
une bougie d'abord
a défailli

Avant les premiers oiseaux
qui peut encore veiller ?
Le vent le sait, qui traverse les fleuves

Cette flamme, ou larme inversée :
une obole pour le passeur

Une aigrette rose à l'horizon
un parcours de feu

et dans l'assemblée des chênes
la huppe étouffant son nom

Feux avides, voix cachées
courses et soupirs

L'œil :
une source qui abonde

Mais d'où venue ?
De plus loin que le plus loin
de plus bas que le plus bas

Je crois que j'ai bu l'autre monde

Qu'est-ce que le regard ?

Un dard plus aigu que la langue
la course d'un excès à l'autre
du plus profond au plus lointain
du plus sombre au plus pur

un rapace

Ah ! l'idylle encore une fois
qui remonte du fond des prés
avec ses bergers naïfs

pour rien qu'une coupe embuée
où la bouche ne peut pas boire
pour rien qu'une grappe fraîche
brillant plus haut que Vénus !

Je ne veux plus me poser
voler à la vitesse du temps

croire ainsi un instant
mon attente immobile

MARTINETS

Au moment orageux du jour
au moment hagard de la vie
ces faucilles au ras de la paille

Tout crie soudain plus haut
que ne peut gravir l'ouïe

Dans cette douce ardeur du jour

il n'est que de faibles rumeurs
(marteaux que l'on croirait
talons marchant sur des carreaux)
en des lieux éloignés de l'air
et la montagne est une meule

Ah ! qu'elle flambe enfin
avec l'ambre tombé à terre
et le bois de luth des cloisons !

FRUITS

Dans les chambres des vergers
ce sont des globes suspendus
que la course du temps colore
des lampes que le temps allume
et dont la lumière est parfum

On respire sous chaque branche
le fouet odorant de la hâte

*

Ce sont des perles parmi l'herbe
de nacre à mesure plus rose
que les brumes sont moins lointaines

des pendeloques plus pesantes
que moins de linge elles ornent

*

Comme ils dorment longtemps
sous les mille paupières vertes !

Et comme la chaleur

par la hâte avivée
leur fait le regard avide !

La foudre d'août

Une crinière secouée
balayant la poudre des joues

si hardie que lui pèse
même la dentelle

Fruits avec le temps plus bleus
comme endormis sous un masque de songe
dans la paille enflammée
et la poussière d'arrière-été

Nuit miroitante

Moment où l'on dirait
que la source même prend feu

Le souci de la tourterelle
c'est le premier pas du jour

rompant ce que la nuit lie

Feuilles ou étincelles de la mer
ou temps qui brille éparpillé

Ces eaux, ces feux ensemble dans la combe
et les montagnes suspendues :
le cœur me faut soudain,
comme enlevé trop haut

Où nul ne peut demeurer ni entrer
voilà vers quoi j'ai couru
la nuit venue
comme un pillard

Puis j'ai repris le roseau qui mesure
l'outil du patient

Images plus fugaces
que le passage du vent
bulles d'Iris où j'ai dormi !

Qu'est-ce qui se ferme et se rouvre
suscitant ce souffle incertain
ce bruit de papier ou de soie
et de lames de bois léger ?

Ce bruit d'outils si lointain
que l'on dirait à peine un éventail ?

Un instant la mort paraît vaine
le désir même est oublié
pour ce qui se plie et déplie
devant la bouche de l'aube

Champ d'octobre

La parfaite douceur est figurée au loin
à la limite entre les montagnes et l'air :

distance, longue étincelle
qui déchire, qui affine

Tout un jour les humbles voix
d'invisibles oiseaux
l'heure frappée dans l'herbe sur une feuille d'or

le ciel à mesure plus grand

Les chèvres dans l'herbage
sont une libation de lait

Où est l'œil de la terre
nul ne le sait
mais je connais les ombres
qu'elle apaise

Dispersées, on voit mieux l'étendue
de l'avenir

La terre tout entière visible
mesurable
pleine de temps

suspendue à une plume qui monte
de plus en plus lumineuse

Pommes éparses
sur l'aire du pommier

Vite !
Que la peau s'empourpre
avant l'hiver !

Dans l'étendue
plus rien que des montagnes miroitantes

Plus rien que d'ardents regards
qui se croisent

Merles et ramiers

OISEAUX

Flammes sans cesse changeant d'aire
qu'à peine on voit quand elles passent

Cris en mouvement dans l'espace

Peu ont la vision assez claire
pour chanter même dans la nuit

AUBE

On dirait qu'un dieu se réveille,
regarde serres et fontaines

Sa rosée sur nos murmures
nos sueurs

J'ai de la peine à renoncer aux images

Il faut que le soc me traverse
miroir de l'hiver, de l'âge

Il faut que le temps m'ensemence

ARBRES I

Du monde confus, opaque
des ossements et des graines
ils s'arrachent avec patience

afin d'être chaque année
plus criblés d'air

ARBRES II

D'une yeuse à l'autre si l'œil erre
il est conduit par de tremblants dédales
par des essaims d'étincelles et d'ombres

vers une grotte à peine plus profonde

Peut-être maintenant qu'il n'y a plus de stèle
n'y a-t-il plus d'absence ni d'oubli

ARBRES III

Arbres, travailleurs tenaces
ajourant peu à peu la terre

Ainsi le cœur endurant
peut-être, purifie

Je garderai dans mon regard
comme une rougeur plutôt de couchant que
   d'aube
qui est appel non pas au jour mais à la nuit
flamme qui se voudrait cachée par la nuit

J'aurai cette marque sur moi
de la nostalgie de la nuit
quand même la traverserais-je
avec une serpe de lait

Il y aura toujours dans mon œil cependant
une invisible rose de regret
comme quand au-dessus d'un lac
a passé l'ombre d'un oiseau

Et des nuages très haut dans l'air bleu
qui sont des boucles de glace

la buée de la voix
que l'on écoute à jamais tue

PAYSAGES
AVEC FIGURES ABSENTES

BOIS ET BLÉS

On marche dans des chemins de sable, à peine tracés, lignes distraites, de la même couleur de braise au point de refroidir que le soir qui approche. On arrive devant un bosquet d'yeuses à l'orée duquel est suspendue une espèce d'étoile faite de plumes de corneille attachées maladroitement ensemble. Personne. Déjà les ouvriers des champs mangent ou peut-être dorment. Ils s'appesantissent, tandis que dehors s'éveillent les choses immatérielles que le jour cache. Personne. Mais ces bosquets nous sembleront toujours habités, serait-ce par une absence. L'étoile noire, hirsute, qui garde celui-là des oiseaux, à moins qu'elle ne soit le reste d'un jeu, si elle manquait, il n'en serait pas moins comme un lieu où l'on entre, dont il faut franchir le seuil, ce qu'on ne fait pas sans un trouble qui ressemble à du respect.

Un cercle. Une aire. Dirai-je qu'on y bat le blé du temps en silence ? Mais il n'y a pas trace d'or dans cette ombre.

Vert, noir, argent... Comment dire, comment toucher la note juste, la note intérieure ? Dryades... le nom sonne, vraiment, comme ces couleurs sur les troncs qui, jadis, en auraient abrité les porteuses : il est humide et dru, il brille sur fond sombre ; elles, sœurs des naïades, rappellent l'alliance originelle des eaux et des forêts. Mais ce n'est pas assez distinguer ce bois d'autres bois, où l'on surprendrait avec bonheur les mêmes fuites. Je le regarde encore, dans ma mémoire. Vert, noir, argent... Ces trois couleurs ensemble ici, je ne doute pas qu'elles aient un sens. Au pied des arbres, ce n'était pas, me semble-t-il, la terre nue, mais de l'herbe, presque aussi nette qu'une pelouse. D'argent, de sable, de sinople... mais ce bois ne porte pas d'armes. Je regarde encore : ce vert confine au noir, cet argent est bleuté. Les troncs ressemblent aux vieilles pierres des murs, les feuillages sont au-dessus comme de l'ombre ; peut-être nous trouvons-nous sur le seuil d'une grotte aérée, dont le vent aurait asséché jusqu'aux plus profondes cascades ?

Peu à peu j'entrevois une vérité : les couleurs, dans ce bosquet, ne sont ni l'enveloppe, ni la parure des choses, elles en émanent ainsi qu'un rayonnement, elles sont une façon plus lente et plus froide qu'auraient les choses de brûler, de passer, de changer. Elles montent du centre ; elles sourdent inépuisablement du fond. Ces troncs charbonneux, couverts de lichens bleuâtres, on croirait qu'ils diffusent une lumière. C'est elle qui m'étonne, qui se dérobe, qui dure.

Je crois qu'elle est très vieille, qu'elle n'a plus d'âge. Je ne veux pas en parler au hasard, mais dans ces détours que je fais à sa recherche, on la voit continuer à luire, continuer à se refuser. Est-elle glauque, marine ? Est-elle nocturne, livide, funèbre ? Chacun de ces mots ne me vient pas à l'esprit sans raison, mais les idées qu'ils désignent, probablement sont-elles moins présentes dans le bosquet d'yeuses que les herbes qui relèvent l'arôme d'un plat.

Et si j'avais aperçu simplement en passant la douceur de l'obscur, la bergerie des ombres qui devisent à voix basse des anciens jours, sans qu'on puisse discerner dans l'herbe leurs pas, moins que celui du brouillard ? Ou dirai-je seulement de cette clarté qu'elle est lointaine et que rien ne la rapproche, qu'elle est la lointaine et qu'il faut la garder dans son éloignement : comme on maintenait un anneau d'espace intact autour du siège des dieux ?

Parce qu'ils forment une enceinte, on a envie justement de pénétrer sous ces arbres, de s'y arrêter. Alors on resterait immobile, on ne ferait plus rien qu'écouter, ou même pas. On serait reçu dans leur assemblée. On goûterait le raisin embué de l'air, on boirait au verre des neiges. Puis on surprendrait, précédée par une meute d'ombres, Diane qui est comme du lait dans l'eau.

Plus loin que ce bois où l'on n'entrera jamais, se creuse une combe assez vaste ; elle était, ce soir-là, pleine jusqu'au bord de blé.

J'avais regardé, quelques jours avant, les gra-
minées déjà sèches, semblables tantôt à des
plumes, tantôt à de petits os de paille : mobiles
panaches, légers squelettes d'herbe. Mais ici,
c'était tout le contraire du dessèchement et de
la nuit qui montait comme un Nil, qui gonflait,
qui croissait entre ces bords couronnés d'arbres
maintenant couleur de violette !

Le cuivre, l'or... Pourtant, nous ne sommes
pas venus au comptoir d'une banque, ni aux
magasins d'un arsenal. Plutôt, moi qui viens de
penser à la lune, je nommerai à présent le soleil.
Et soudain je me souviens des moissons où les
chevaux suent, pleins de mouches, où la journée
tout entière n'est plus qu'un grand pain qu'on
taille, où un bol blanc à quatre heures éblouit
sous le noyer. Tout le champ gonfle et monte ;
la vue se trouble. Les couples s'abattent sur
place. Il n'y a plus d'autre table, d'autre lit que
la terre couverte de vapeurs. Nappes et draps
portent les mêmes plis, les mêmes taches. Et pas
un crin qui ne soit trempé, pas une force que
n'ait tranchée le fer orageux !

Autant de routes où je m'engage, où je dévie ;
il faudrait moins se souvenir et moins rêver.

Quelque chose de lointain et de profond se
passe : comme un travail en plein sommeil. La
terre n'est pas un tableau fait de surfaces, de
masses, de couleurs ; ni un théâtre où les choses
auraient été engagées pour figurer une autre vie
que la leur. Je surprends un acte, un acte comme

l'eau coule. Ou même moins encore : une chose qui serait vraiment là ; peut-être, un acte qui ne serait pas un spectre d'acte, qui ne ressemblerait plus à nos mouvements égarés.

L'ombre, le blé, le champ, et ce qu'il y a sous la terre. Je cherche le chemin du centre, où tout s'apaise et s'arrête. Je crois que ces choses qui me touchent en sont plus proches.

Une barque sombre, chargée d'une cargaison de blé. Que j'y monte, que je me mêle aux gerbes et qu'elle me fasse descendre l'obscur fleuve ! Grange qui bouge sur les eaux.

J'embarque sans mot dire ; je ne sais pas où nous glissons, tous feux éteints. Je n'ai plus besoin du livre : l'eau conduit.

À la dérive.

Or, rien ne s'éloigne, rien ne voyage. C'est une étendue qui chauffe et qui éclaire encore après que la nuit est tombée. On a envie de tendre les mains au-dessus du champ pour se chauffer.

(Une chaleur si intense qu'elle n'est plus rouge, qu'elle prend la couleur de la neige.)

On est dans le calme, dans le chaud. Devant l'âtre. Les arbres sont couverts de suie. Les huppes dorment. On tend au feu des mains déjà ridées, tachées. Les enfants, tout à coup, ne parlent plus.

C'est juste ce qu'il faut d'or pour attacher le jour à la nuit, cette ombre (ou ici cette lumière) qu'il faut que les choses portent l'une sur l'autre pour tenir toutes ensemble sans déchirure. C'est le travail de la terre endormie, une lampe qui ne sera pas éteinte avant que nous ne soyons passés.

LA TOURTERELLE TURQUE

Est-ce le berceau de l'aube ? C'est du moins, d'abord, des couleurs, un nid de couleurs, fines et douces comme celles qu'assemble la naissance du jour, et pourtant différentes ; couleurs, ou plutôt nuances, gradations sans ruptures, nuages de terre et de lait qui se mêlent ou, mieux, s'épousent ; sous ce collier d'ardoise. Nuage assoupi, nuage couché dans la cage, tout au fond de la chambre paysanne, nœud de fumée dans la fumée.

Mais déjà l'œil a démêlé que c'est aussi un corps, tiède, vivant, des courbes de laiteuse terre, que c'est une gorge qui respire, une douceur, une langueur plumeuse. On la dirait qui dort, un nuage endormi dans son haleine, nuage, ou plus confusément encore, nue.

Brusquement, par quelque alerte éveillée, tirée du rêve, battent les ailes, ouvertes un instant comme des drapeaux qui claquent, ou des linges. Alors on découvre la voluptueuse envolée, ce lit de plumes ailé, cette langueur enhardie ; ou serait-ce une barque, sous ses voiles dressées, qui cacherait en l'emportant quelque reine couchée dans le bouillonnement de ses draps, de l'écume ?

Mais au miroir embué d'une nuit, plus tard, peut-être en rêve, ou entre veille et sommeil, j'ai connu de qui tu pouvais être aussi l'image, de quelle femme si indolente, la voix rauque, et de peau si blanche, les dents presque transparentes entre des lèvres pâles, qu'on s'étonne, tourne-t-elle un instant, mais sans hâte, les yeux vers vous, que le brun de son iris puisse à ce point vous brûler ; mais puisque ce n'est pas un feu, même pas enfermé dans une lanterne d'ambre, puisque c'est seulement la couleur de ce qu'un feu long-temps n'a fait qu'approcher, frôler, puisque c'est le reflet seulement d'un très long feu lointain, puisque ce n'est que la caresse, et peut-être encore imaginaire, du feu, elle est donc bien, par son teint laiteux comme par ce double iris brun (déjà détourné, ou voilé par une paupière lasse), toute langueur.

Tourterelle turque, si bien nommée : odalisque portant à la nuque ce collier d'ardoise qui signifie peut-être : « serve de la nuit ».

L'aube n'est pas autre chose que ce qui se prépare, encore pur, à brûler ; l'aube est celle qui dit : « attends encore un peu et je m'en-flamme » ; le bourgeon de quelque incendie.

Mais celle-ci est plutôt ce que le feu ne touche qu'à distance, ce qui est séparé du feu ou par la distance ou par le temps ou par le souvenir, le mélange de l'ardeur et de la distance, la mémoire de l'amour qui coulerait interminablement en nous.

L'oiseau qui se dressait ainsi sur le poing ridé, ce n'était que mon corps qui l'avait un instant rêvé pareil à cette femme, ce n'était que lui qui avait trouvé ces liens, ces mots entre eux.

Je crois que si je clignais des yeux comme on fait pour ne pas être embarrassé par les détails d'une peinture, jusqu'à ne plus voir qu'une lueur sur cette main, une flamme vacillante, je serais plus près de ce que j'avais tout d'abord éprouvé : le trouble, la joie d'une annonciation à peine saisissable, ou l'entrebâillement de la porte du Temps.

Plus tard encore, j'ai vu un oiseau de même espèce habiter mon jardin, marcher sur ses murs sans être inquiété par les chats, et quelquefois il était dans le figuier que l'automne jaunissait, éclairait. Plus beau qu'aucun fruit, libre comme une pensée silencieuse dans le feuillage du cœur vieillissant. Parfaitement tranquille, en cet abri, bien que sans aucune attache, et par sa voix semblant absorber et traduire, et faire couler toute la douceur de ces journées. N'étant plus, si je fermais tout à fait les yeux, qu'une cascade assourdie par la brume…

C'est le tout à fait simple qui est impossible à dire. Et pourtant je le vois et je le sens, et il n'est pas de pensée, si puissante, si meurtrière soit-elle, qui m'en ait pu disjoindre jusqu'ici. Oiseau favorable, tu voyages dans ta patrie. Tu te poses ici ou là ou tu voles un court instant, peut-être t'éloignes-tu la nuit davantage, mais quoi que tu fasses, c'est comme si rien ne manquait, comme si tu étais la voix qui monte et descend les degrés du monde, entre terre et ciel, jamais en dehors, toujours dans le globe infini, libre mais au-dedans, là, tout proche, à la fourche des branches argentées, n'attendant ni ne fuyant rien, voyageur qu'une seconde de joie sans aucune raison dérobe au mouvement du voyage pour le laisser posé, arrêté où ? dans la lumière des feuilles qui bientôt vont tomber pour faire place au ciel, au temps doré d'octobre, vêtu d'air, incapable soudain de plus entendre aucun mot comme aller, ou partir, ou frontière, ou étranger. Bienheureux vêtu de sa lumière natale.

OISEAUX INVISIBLES

Chaque fois que je me retrouve au-dessus de ces longues étendues couvertes de buissons et d'air (couvertes de buissons comme autant de peignes pour l'air) et qui s'achèvent très loin en vapeurs bleues, qui s'achèvent en crêtes de vagues, en écume (comme si l'idée de la mer me faisait signe au plus loin de sa main diaphane, et qui tremble), je perçois, à ce moment de l'année, invisibles, plus hauts, suspendus, ces buissons de cris d'oiseaux, ces points plus ou moins éloignés d'effervescence sonore. Je ne sais quelles espèces d'oiseaux chantent là, s'il y en a plusieurs, ou plus vraisemblablement une seule : peu importe. Je sais que je voudrais, à ce propos, faire entendre quelque chose (ce qu'il incombe à la poésie de faire entendre, même aujourd'hui), et que cela ne va pas sans mal.

C'est une chose invisible (en pleine lumière, alors qu'il ne semble pas que rien puisse la cacher, sinon justement la lumière, peut-être aveuglante), c'est une chose suspendue (c'est-à-dire à la fois

« en suspens » — l'arrêt, l'attente, le souffle retenu pour ne rien troubler d'un précieux équilibre —, et « flottante » : montant et descendant doucement sur place, tel un amer selon le souffle des eaux) ; c'est une chose, surtout, qui rend sensible une distance, qui jalonne l'étendue ; et il apparaît que cette distance, loin d'être cruelle, exalte et comble. Tantôt cela se produit en plusieurs points à la fois, évoquant un réseau dans lequel on se réjouirait d'être pris, ou de grêles mâts soutenant, chacun la soulevant un peu à sa pointe, la tente de l'air (massif de légères montagnes) ; ou encore un groupe de jets d'eau, colonnes transparentes d'une ruine sans autre toit que le ciel infini ; tantôt successivement, à intervalles inégaux rétablissant aussitôt le silence jusqu'au fond du monde, comme une série de fenêtres ouvertes l'une après l'autre sur le matin dans la grande maison de famille…

Or, ce n'est pas du tout cela. L'image cache le réel, distrait le regard, et quelquefois d'autant plus qu'elle est plus précise, plus séduisante pour l'un ou l'autre de nos sens et pour la rêverie. Non, il n'y a dans le jour où j'entends cela que je ne sais pas dire, ni tentes, ni fontaines, ni maisons, ni filets. Depuis longtemps je le savais (et ce savoir ne me sert apparemment à rien) : il faut seulement dire les choses, seulement les situer, seulement les laisser paraître. Mais quel mot, tout d'abord, dira la sorte de sons que j'écoute, que je n'ai même pas écoutés tout de suite, qui m'ont saisi alors que je marchais ? Sera-ce

« chant », ou « voix », ou « cri » ? « Chant » implique une mélodie, une intention, un sens qui justement n'est pas décelable ici ; « cri » est trop pathétique pour la paix sans limites où cela se produit (cette paix non sans analogie, soudain j'y songe, à celle qui règne à tel étage du *Purgatoire* où il se trouve que l'on assiste à quelque chose d'assez semblable, à l'apparition dans l'air, inattendue, de fragments d'hymnes tronquées : *la prima voce che passò volando…*) ; « voix », bien que trop humain, serait moins faux ; « bruit », quand même un peu vague. Ainsi est-on rejeté vers les images : ne dirait-on pas, cela qui me touche et me parle comme l'ont fait peu de paroles, des bulles en suspens dans l'étendue, de petits globes invisibles, en effervescence dans l'air ; un suspens sonore, un nid de bruits (un nid d'air soutenant, abritant des œufs sonores) ? Une fois de plus, l'esprit, non sans y trouver du plaisir, quelquefois du profit, vagabonde.

Qu'est-ce donc que j'aurais voulu dire ? L'émotion (exaltante, purifiante, pénétrant au plus profond) d'entendre, me trouvant au-dessus d'une vaste étendue de terre, de bois, de roche et d'air, les voix d'oiseaux invisibles suspendues en divers points de cette étendue, dans la lumière. Il ne s'agit pas d'un exercice de poésie. Je voudrais comprendre cette espèce de parole. Après quoi (ou même sans l'avoir comprise, ce qui vaudrait peut-être mieux), je serais heureux de la faire rayonner ailleurs, plus loin. Je cherche des mots assez transparents pour ne pas l'offusquer. Je sais par expérience (mais le devinerais aussi bien sans cela) que j'ai touché maintenant cette immédiateté qui est aussi la plus profonde profondeur, cette fragilité qui est la force durable, cette beauté qui ne doit pas être différente de la vérité. Elle est ici et là, distribuée dans le jour, et les mots ne parviennent pas à la saisir, ou s'en écartent, ou l'altèrent. Les images, quelquefois, en éclairent un pan, mais pour laisser les autres obscurs ; et l'énoncé direct, le plus simple, quelque chose comme : « l'étendue est peuplée d'oiseaux invisibles qui chantent », ce que l'on rêve d'obtenir, une ligne sans ornements et sans détours, tracée avec modestie, presque naïvement, serait-ce qu'il nous est désormais impossible d'y atteindre ? Il semble qu'il faudrait dormir pour que les mots vinssent tout seuls. Il faudrait qu'ils fussent venus déjà, avant même d'y avoir songé.

Probablement n'est-ce que moi qui trébuche.

Écoute donc encore (ou s'il valait mieux oublier ?). Écoute, regarde, respire. Ce qui eut nom « ange » quand cela ressemblait encore à l'oiseau des hauteurs qui fond sur sa proie, à la flèche qui s'enflamme d'avoir voulu trop promptement porter la nouvelle en plein cœur, ce qui eut nom « ange » aura battu de l'aile un instant, peut-être, dans l'aire du monde. Un éclair qui, en l'absence de tout nuage, étonne et aveugle. Détourne-toi plutôt. Mais tu entends encore. Tu perçois les lieux, les intervalles. Autrefois déjà tu as pressenti ce rapport, cette figure. Il y a une constellation en plein jour, dans l'ouïe ! Il y a de l'eau qui sourd là, et là, et là ! Il y a de petits ouvriers emplumés qui arpentent, immobiles, l'immense, qui ne sont plus que sonores instruments de mesure, diapasons invisibles, lyres de céleste cadastre…

Sauf que tout était beaucoup plus humble, proche et réservé. C'était notre vie, avec ses cahots : peu de mérite, peu d'ardeur, partout des menaces. Un cœur peu généreux, un esprit incertain et prudent, rien que des vertus négatives, d'abstention ; et quant au monde : un visage tailladé. Le fer dans les yeux, l'os carié. Le siècle que l'on ne peut plus regarder en face. Et rien que d'avoir entendu ces voix auxquelles je ne m'attendais plus, ainsi liées aux arbres et au ciel en même temps, ainsi placées entre moi et le monde, à l'intérieur d'une journée, ces voix qui se trouvaient être sans doute l'expression la plus naturelle d'une joie d'être (comme quand on voit s'allumer des feux pour une fête de colline en colline) et qui la portaient, cette joie, à l'incandescence, faisant tout oublier des organes, des plumages, de la pesanteur (comme fondus dans sa sphère), rien que d'avoir entendu cela, mon attention s'était portée à nouveau, par surprise, par grâce, vers ce qui, plus pur, la purifie et, plus lumineux, l'illumine.

Ciel. Miroir de la perfection. Sur ce miroir, tout au fond, c'est comme si je voyais une porte s'ouvrir. Il était clair, elle est encore plus claire.

Pas de clochers. Mais dans toute l'étendue, l'heure de l'éternité qui bat dans des cages de buée.

Suprême harmonie, justice de l'Illimité. On aurait dit que chacun recevait sa part, la lumière qui paraît infinie distribuée selon l'aérienne convenance.

NOTES DE CARNET

(La Semaison)
II

À partir du rien. Là est ma loi. Tout le reste :
fumée lointaine.

*

Beauté : perdue comme une graine, livrée aux
vents, aux orages, ne faisant nul bruit, souvent
perdue, toujours détruite ; mais elle persiste à
fleurir, au hasard, ici, là, nourrie par l'ombre,
par la terre funèbre, accueillie par la profondeur.
Légère, frêle, presque invisible, apparemment
sans force, exposée, abandonnée, livrée, obéis-
sante — elle se lie à la chose lourde, immobile ;
et une fleur s'ouvre au versant des montagnes.
Cela est. Cela persiste contre le bruit, la sottise,
tenace parmi le sang et la malédiction, dans la
vie impossible à assumer, à vivre ; ainsi, l'esprit
circule en dépit de tout, et nécessairement déri-
soire, non payé, non probant. Ainsi, ainsi faut-il
poursuivre, disséminer, risquer des mots, leur
donner juste le poids voulu, ne jamais cesser

jusqu'à la fin — contre, toujours contre soi et le monde, avant d'en arriver à dépasser l'opposition, justement à travers les mots — qui passent la limite, le mur, qui traversent, franchissent, ouvrent, et finalement parfois triomphent en parfum, en couleur — un instant, seulement un instant. À cela du moins je me raccroche, disant ce presque rien, ou disant seulement que je vais le dire, ce qui est encore un mouvement positif, meilleur que l'immobilité ou le mouvement de recul, de refus, de reniement. Le feu, le coq, l'aube : saint Pierre. De cela je me souviens. À la fin de la nuit, quand le feu brûle encore dans la chambre, et dehors se lève le jour et le coq chante, comme le chant même du feu s'arrachant à la nuit. «Et il pleura amèrement.» Feu et larmes, aube et larmes.

Cent fois je l'aurai dit : ce qui me reste est presque rien ; mais c'est comme une très petite porte par laquelle il faut passer, au-delà de laquelle rien ne prouve que l'espace ne soit pas aussi grand qu'on l'a rêvé. Il s'agit seulement de passer par la porte, et qu'elle ne se referme pas définitivement.

*

Monument offert à l'impossible. Le meilleur de soi donné en pure perte à ce qui jamais ne sera obtenu.

Fleurs de pêcher livrées aux abeilles du feu.

Plus de détours : mais retourner comme un fouet à la cible. Le regard, la parole comme un fouet.

Du charbon de la nuit, sur les branches noires de la nuit, cette éclosion, cette grâce rose, et bientôt après les abeilles bourdonnantes du jour.

Reconnaisse qui voudra dans ce blason ce que le monde eut de plus beau — ce que l'homme découvre quand l'insomnie l'éveille à la fin de la nuit — et qui plus tard l'élève, comme une aile, au-dessus de lui-même.

*

Ce crâne pesant contre l'épaule, attifé de chair, masqué. Crâne, squelette, masqués, chamarrés. Poids du crâne. Idée baroque. Crâne pas pour longtemps masqué. Mais pourquoi le crâne serait-il plus vrai que le masque ? Sinon parce qu'il dure un peu plus. Cette façon-là de durer ne signifie rien. « Beau masque » : n'est-ce pas ce que Juliette dit à Roméo, ou Roméo à Juliette, au bal Capulet ?

Rêve où je dis, devant le convoi funèbre : « Saluez la dépouille de celle qui fut la plus gracieuse dame... » C'est du même style.

*

Ces derniers pétales roses, couleur d'exquise honte, de feu secret, ces aveux de la terre. Tandis

que le jardin se consume sans flammes, jaunit,
brunit, se dessèche. Les tiges cassent. La terre
cachée va reparaître. Ce n'est pas de l'or sur les
arbres, les vignes, c'est plutôt une couleur de
flamme très claire — et encore donne-t-elle une
idée de repos, pas de chaleur. Jaune... Ce qui
d'abord se confondait avec l'herbe et les autres
plantes, commence à *se distinguer*, change et se
montre, allant ainsi d'ailleurs plus vite à sa
fin. Se montre, et montre sa fragilité, s'émacie,
avoue usure, effrangements, déchirures, taches.
Comme il est difficile de saisir l'essentiel ! On est
toujours tenté d'aller trop loin ou pas assez,
d'être ou trop vague, ou trop précis. Les choses
devraient être saisies brusquement mais exac-
tement, comme d'un coup de fusil. Il y a des chas-
seurs justement dans ces vignes jaunes — des
fumées de fusil, des envols brusques d'oiseaux,
des abois — une menace de brume, un noyau de
froid dans l'air ensoleillé. Quand les feuillages
s'éclaircissent, les oiseaux sont menacés. L'au-
tomne a des couleurs de plumage, de pelage —
renards, chiens. L'automne ressemble moins à
des plantes, les arbres se masquent, mettent un
costume. Fête fatale, funeste en un sens. Les
arbres sont comme des coqs — dans l'air qui
devient froid, dans le soleil qui pâlit. Ils ressem-
blent aussi au soleil d'octobre, qui est jaune pâle,
puis rouge sombre quand il entre dans les
vapeurs de l'horizon. Couleurs de faisans. Et les
nuages aiment être roses au-dessus de ces volières,
de ces basses-cours. L'esprit goûte ces journées

où les forêts s'allègent, s'ajourent, où une douceur d'air persiste autour d'un noyau froid. Il voit soudain, à l'aube, un bouquet d'arbres dans la brume, comme des joyaux dans un nid de bourre, comme un soleil de feuilles, dans les nuages. Comme un bijou dans de la lingerie.

*

Je passerai la nuit dans cette barque. Pas de lanterne à la proue ni à la poupe. Rien que quelques étoiles dans la nacre de l'eau, et le mouvement assoupi du courant. J'aborderai à une rive douteuse, balisée par les rares cris des premiers oiseaux, effrayés.

Âmes enlevées au monde, pourquoi ne pas espérer pareil accès? Il y a peut-être des espèces de cris inconnues, un regard que rien n'arrête, qui ne peut rien épuiser — quelque chose qui passe tout savoir, toute imagination, tout désir?

*

Hiver au nom si juste, au nom d'oiseau rapide
Saison claire et dénuée
Qui va plus droit qu'aucune autre
Saison courbée comme un arc
Temps des oiseaux rapprochés
Des hauts réseaux aériens
Nacre et terre
Verre et paille

*

Toutes choses visibles, comme des cris ou des soupirs de l'Invisible souffrant d'être invisible, comme des espèces de flammèches au-dessus ou autour d'une consomption forcenée (ou heureuse). Qu'est-ce donc qui est en train de naître si lentement dans ces tourments? Qu'est-ce qui se passe de central et de profond, dont nous ne voyons que les émanations multiples, les projections à l'infini, et de quelle graine commune sont issus et ne cessent de sortir au dehors ces oiseaux, ces sueurs, ces pierres? Parfois, il nous semble que de soudaines ouvertures se creusent devant nous dont la direction désigne un centre, comme produites par la foudre, et si quelque chose alors en nous se répercute et gronde comme un ébranlement prometteur, déjà c'est un autre jour, une autre nuit, et tout pourrait aussi bien s'achever avant que rien ne se fût produit... Partout on lit des signes, mais l'œil qui les décèle est déjà près de se fermer, et ils restent épars, intermittents comme cris d'oiseaux avant le jour. La poussière soulevée par le vent ou le souffle retombe sur la table; la nuit est pleine de poussière brillante. Pourquoi ce noyau s'est-il ouvert? De quel autre sortit la force qu'il l'a fait se fendre? De quel trésor sommes-nous les espèces dispersées et dévaluées?

Où nous conduit l'abîme qui se rouvre ainsi quelquefois? Dans la lumière de l'année qui grandit, dans le jour qui se réchauffe, quelle est cette ombre glacée?

Apparences, comme autant d'appels. Les tourments seront-ils torsion qui affine, ou qui étouffe?

*

Le hameau de Teyssières, vers la source du Lez, aux eaux pures. Sur la face est de la Lance, escarpée, maintenant sombre, des pins se mêlent à d'autres arbres, pareils à des éventails rose foncé. Au fond d'une combe, un ruisseau court sous la glace. La terre est humide, lourde, froide. Au bord du chemin poussent mûriers et buis. Le hameau, dans une ombre neigeuse, frissonnante, est comme une porcherie perdue, où n'habitent plus que des vieillards. On voit derrière les vitres, sur fond de suie, leurs visages stupides ou hagards.

*

Écrasé un scorpion au milieu du charbon, dans la cave humide. Beaucoup d'hommes ont été traités, sont traités ainsi. Le noir, le blême, l'humide.

Vestales enterrées vivantes; description, dans Plutarque, de la litière où on les transportait.

*

Un regard qui se ferme
Comme s'il y avait moins d'eau dans les vallées.
Où reparaît-elle ?

*

On entend gémir : comme quelqu'un qui
porte une trop lourde charge de plaisir ou de
souffrance. Labour. Comme quelqu'un qui est
possédé par une violence nocturne. Tu as été
renversée, tu l'es encore, mais par une puissance
inverse, ainsi que le vide s'oppose au plein, la
glace au feu.

Qui t'a ainsi maltraitée ? Tu étais un feu
parfumé, maintenant tu es cassée et tremblante,
on va te jeter avec les déchets, te cacher dans la
terre. Ta beauté égarait l'esprit ; l'horreur de ta
fin, il ne la peut même pas supporter à distance,
en pensée.

*

Sur une carte postale reçue de Venise, mer-
veilleux détail d'un tableau du Tintoret, *Ariane
et Bacchus*. Probablement la tête d'Ariane, penchée,
de profil, sur un ciel de couchant passant du
rose doré au bleu vert. Ses cheveux où se com-
binent la vague et la flamme, et une main tient
au-dessus, sans la poser encore, une mince cou-
ronne ornée d'étoiles que l'on croit vraiment
voir scintiller.

*

L'impossible : événements, ce qu'il faut lire ou voir dans les journaux tous les jours, c'est à proprement parler l'insoutenable. Il semble donc impossible de poursuivre et l'on poursuit cependant. Comment ?

Parce que la poésie pourrait être mêlée à la possibilité d'affronter l'insoutenable. Affronter est beaucoup dire.

Ce qui me rend aujourd'hui l'expression difficile est que je ne voudrais pas tricher — et il me semble que la plupart trichent, plus ou moins, avec leur expérience propre ; la mettent entre parenthèses, l'escamotent.

Dès lors devraient entrer dans la poésie certains mots qu'elle a toujours évités, redoutés, et toutefois sans aller vers le naturalisme qui, à sa façon, est aussi mensonge. Il y a une région entre Beckett et Saint-John Perse qui sont aux deux extrêmes, et tous les deux systématiques.

Mais c'est être perpétuellement à deux doigts de l'impossible.

*

L'expression juste, oui, si elle éclaire, si elle ouvre la voie.

*

Voix de l'enfant : toute sur un haut et gracieux registre, qui évoque les mots sonnailles, clarines ; et derrière eux, la fraîcheur de l'herbe, des pâturages de montagne, où on les entend surtout le soir, qui est bleu.

*

Pommiers dans le verger. Ce rouge pourpre, ce jaune de cire ; saisir leur sens. Arbres bas, chargés, proches, liés entre eux. L'ombre et l'herbe dessous. L'automne. Le ruisseau dans lequel les branches du noyer trempent leur extrémité, ou peu s'en faut.

Parler de braise, de globes de braise, comme je l'ai fait dans un poème d'*Airs*, est une approximation insuffisante, en partie fausse. Le mot « pourpre » dit quelque chose de juste, pas tout. Il y a la rondeur, la dureté de la pulpe ; mais il ne s'agit pas de voir tout cela à la loupe. Simplement, que ce soit saisi *en passant* et *de loin*, de façon *immédiate et profonde*. Je ne m'occupe pas tellement, au fond, des *qualités propres à l'arbre*, comme s'y applique, superbement, Francis Ponge. On saisit, en un clin d'œil, une combinaison d'éléments ; mais ce n'est pas du tout abstrait ou général non plus, car d'autres essences feront un effet analogue, mais non identique. Il y a l'idée du feu, d'un feu comme endormi dans le nid des feuilles ; il y a l'idée de globe, de rondeur, de sphère, celle de fruit en général ; mais, propre au pommier, peut-être quelque rudesse, rusticité paysanne, quelque chose de plus hirsute qu'harmonieux, en tout cas d'irrégulier et de rude, de simple, de commun. Le contraire de l'exotisme ou du luxe que d'autres arbres fruitiers ici pourraient évoquer, ni rien de biblique comme le figuier. C'est la campagne d'Europe, donc l'enfance aussi, les parents, la demeure. Quelque chose de central. Arbres *domestiques.* Servantes. Servantes de ferme. Comme quoi il faut associer le proche et le lointain, l'instant et la permanence, le particulier et le commun — et dans un seul moment plein de fraîcheur et comme d'insouciance, non par application, insistance, labeur, etc. Toute la recherche devrait disparaître. En passant, alors que l'esprit était soucieux d'autre chose, désespéré peut-être, ce signe lui a été fait, ce don.

*

Pourquoi aurait-on bu, chaque matin, cette eau du jour ?

*

J'ai cette ombre de la douleur derrière moi maintenant quoi que j'écrive, elle me fait paraître trop fluides tous les poèmes que j'ai écrits, mais presque, aussi bien, toute phrase. Puisque aucun mot n'est douleur, au contraire, se trouve détaché, intact.

Une lumière blessée, comme je l'imagine devant

le Rembrandt de Cologne, n'est-ce pas le Christ ?
On ne pouvait plus croire en un dieu intact, il
ne suffisait plus. Mais un dieu dont on ne voit
plus que les blessures ? Ainsi, à mon tour, je me
découvre entre les jeunes dieux grecs et le dieu
crucifié, entre les dieux de la jeunesse et les
dieux qui devaient venir quand l'humanité se
sentirait vieille et malade. Je change beaucoup
moins qu'il ne m'est arrivé de le croire, je suis
de nouveau avec une bougie au chevet de la
vieille dame G., dans la grande chambre aux
volets tirés. Je ne fais que redire la même chose
toujours ; si au moins ce pouvait être de plus en
plus vrai.

*

Tout ce qui nous relie, dans les paysages d'ici,
au très ancien et à l'élémentaire, voilà ce qui en
fait la grandeur, par rapport à d'autres où ces
images (simples illusions quelquefois, mais signi-
ficatives) ne sont pas, ou sont moins présentes.
Surtout la pierre usée, tachée de lichens, proche
du pelage ou du végétal, les écorces ; les murs
devenus pour la plupart inutiles, dans des bois ;
les puits ; les maisons envahies de lierre et aban-
données. Dans ce moment de l'histoire où
l'homme est plus loin qu'il n'a jamais été de
l'élémentaire, ces paysages où le monument
humain se distingue mal du roc et de la terre
nous donnent un ébranlement profond, entre-
tiennent le rêve d'une sorte de retour en arrière

auquel beaucoup sont sensibles, effrayés par
l'étrange avenir qui se dessine. Nous reconnaissons
qu'il n'y a pas une différence très grande entre
les Alyscamps et les carrières désaffectées de
Saint-Restitut, qui font penser au Forum. Par ces
puits et ces canalisations souterraines creusées
peut-être par les Romains, mais aussi bien beau-
coup plus tard, et peu importe, nous nous sentons
mis en relation avec un mystère de nature païenne.
N'est-ce qu'un jeu ? ou une fuite ? Il nous semble
qu'il y a encore partout des stèles éparses, des
traces de temples. Qu'est-ce que cela signifie, et
quel en serait le profit pour nous, ou la leçon ?
Nous rencontrons, nous traversons souvent des
lieux, alors qu'ailleurs il n'y en a plus. Qu'est-ce
qu'un *lieu* ? Une sorte de centre mis en rapport
avec un ensemble. Non plus un endroit détaché,
perdu, vain. En ce point on dressait jadis des
autels, des pierres. C'est l'évidence au val des
Nymphes. Dans les lieux, il y a communication
entre les mondes, entre le haut et le bas ; et parce
que c'est un centre, on n'éprouve pas le besoin
d'en partir, il y règne un repos, un recueillement.
Notre église, c'est peut-être cet enclos aux murs
démantelés où poussent silencieusement des
chênes, que traversent parfois un lapin, une
perdrix. Nous hésitons à entrer dans les autres à
cause des schémas intellectuels qu'elles inter-
posent entre le divin et nous. Naturellement, ce
n'est pas une issue à quoi que ce soit.

Il nous semble que dans un monde uniquem-
ment tissé de tels lieux, nous aurions encore pu

accepter de nous risquer, et de succomber. Ces lieux nous aident ; ce n'est pas pour rien que se font de plus en plus nombreux ceux qui les cherchent, souvent sans savoir même pourquoi. Ils n'en peuvent plus d'être étrangers à l'espace. Là seulement ils recommencent à respirer, à croire une vie possible. D'une certaine manière, nous avons bénéficié de leurs dons et nous nous sommes fait une existence moins fausse que beaucoup d'autres. Mais cela comporte un éloignement étrange de toutes les préoccupations actuelles, et plus d'un danger. Reconnaissons toutefois nos privilèges.

Innocence et culture : le meilleur de la culture garde toujours un reflet de l'innocence première, n'en est pas l'opposé. Les œuvres que nous aimons sont elles aussi en contact avec des « lieux », même s'ils sont d'un autre ordre, etc. Voilà la seule culture : celle qui préserve et transmet l'innocence, le natif. Le reste devrait porter un autre nom.

Dans notre silence couve le bien ; dans notre isolement le pouvoir de le rompre mûrit.

*

Les longues soirées, plus chaudes, la lune rose ou orange, le monde bleu, suspendu, plein de douceur.

Plein d'horreur.

*

208

Vraiment plein de douceur, et comme de bonté. Ces nuits de pleine lune, plutôt jaune que rose ou orange, où les arbres ont l'air de respirer à cause d'un faible vent, sont comme un baume ; elles dénouent le cœur à force de tiédeur et de calme. Ascension lente, imperceptible, de ce globe couleur de blé ; souffle des feuilles ; grillons et chouettes, rossignols, seuls bruits qui durent. Baignons dans cette eau laiteuse ne serait-ce qu'un instant, avant d'être rabroués. Dormons ou parlons dans ce berceau d'air.

*

Cueillant une grappe de raisin, le soir, et soudain le globe, le grain de la lune ; je tiens la grappe dans ma main.

*

Le quotidien : allumer le feu (et il ne prend pas du premier coup, parce que le bois est humide, il aurait fallu l'entasser dehors, cela aurait pris du temps), penser aux devoirs des enfants, à telle facture en retard, à un malade à visiter, etc. Comment la poésie s'insère-t-elle dans tout cela ? Ou elle est ornement, ou elle devrait être intérieure à chacun de ces gestes ou actes : c'est ainsi que Simone Weil entendait la religion, que Michel Deguy entend la poésie, que j'ai voulu l'entendre. Reste le danger de l'artifice, d'une sacralisation « appliquée », laborieuse. Peut-être en sera-t-on réduit à une position plus modeste, intermédiaire : la poésie illuminant par instants la vie comme une chute de neige, et c'est déjà beaucoup si on a gardé les yeux pour la voir. Peut-être même faudrait-il consentir à lui laisser ce caractère d'*exception* qui lui est naturel. Entre deux, faire ce qu'on peut, tant bien que mal. Sinon, risque d'apparaître le sérieux du sectaire, la tentation de porter la bure du poète, de s'isoler, en « oraison » (ce qui gêne quelquefois chez Rilke). Pour moi du moins, je dois accepter plus de faiblesse.

*

Visite mortuaire. Sous le lit de la morte, un chien ; à son chevet, trois vieilles difformes. L'une d'elles se lève à plusieurs reprises pour arroser d'eau bénite le visage cireux. Dans la pièce qu'il faut traverser pour entrer, des dessous de couleur pâle, fleuris, traînent sur un lit défait.

*

Évangile. Cela commence comme une histoire magique, avec ces rois d'Orient, astrologues, qui marchent dans le désert, portant de l'or et des parfums comme pour une courtisane ; avec ces anges qui entrent dans de pauvres maisons ou qui chantent aux quatre coins du ciel ; avec la nuit et cette odeur d'étable, et l'étoile qui justement ressemble quelquefois à de la paille très brillante. La crainte et les menaces des maîtres, le tremblement de quelques vieillards qui espèrent, et tout ce trouble autour d'un *enfant* (l'enfant que les Grecs ont comme ignoré).

Dans le « désert plein de visions » de Hölderlin, il y a un fakir en haillons qui se nourrit de sauterelles et qui prophétise.

La première parole que l'on relate du Christ, je crois que c'est dans saint Luc, où il répond à ses parents qui n'y comprennent rien, avec une sorte de brutalité ; « Pourquoi me cherchez-vous ? Ne saviez-vous pas qu'il faut que je m'occupe des affaires de mon Père ? »

Puis c'est de nouveau le désert, les anges et les bêtes sauvages, et la « tentation » : de n'être qu'un magicien de plus, ou un roi terrestre.

*

Les « anges » de Rilke n'étaient probablement pas à ses côtés dans son agonie. Le Christ aurait pu y être, apparemment, puisqu'il donne un sens à la mort qu'il exige. Il semble seulement que nous ne souhaitions pas les mêmes anges pour vivre et pour mourir.

III

1971-1983

LEÇONS

Qu'il se tienne dans l'angle de la chambre. Qu'il
    mesure,
comme il a fait jadis le plomb, les lignes que j'assemble
en questionnant, me rappelant sa fin. Que sa droiture
garde ma main d'errer ou dévier, si elle tremble.

Autrefois,
moi l'effrayé, l'ignorant, vivant à peine,
me couvrant d'images les yeux,
j'ai prétendu guider mourants et morts.

Moi, poète abrité,
épargné, souffrant à peine,
aller tracer des routes jusque-là !

À présent, lampe soufflée,
main plus errante, qui tremble,
je recommence lentement dans l'air.

Raisins et figues
couvés au loin par les montagnes
sous les lents nuages
et la fraîcheur :
sans doute, sans doute…

Vient un moment où l'aîné se couche
presque sans force. On voit
de jour en jour
son pas moins assuré.

Il ne s'agit plus de passer
comme l'eau entre les herbes :
cela ne se tourne pas.

Lorsque le maître lui-même
si vite est emmené si loin,
je cherche ce qui peut le suivre :
ni la lanterne des fruits,
ni l'oiseau aventureux,
ni la plus pure des images ;

plutôt le linge et l'eau changés,
la main qui veille,
plutôt le cœur endurant.

Je ne voudrais plus qu'éloigner
ce qui nous sépare du clair,
laisser seulement la place
à la bonté dédaignée.

J'écoute des hommes vieux
qui se sont accordés aux jours,
j'apprends à leurs pieds la patience :

ils n'ont pas de pire écolier.

Sinon le premier coup, c'est le premier éclat
de la douleur : que soit ainsi jeté bas
le maître, la semence,
que le bon maître soit ainsi châtié,
qu'il semble faible enfançon
dans le lit de nouveau trop grand,
enfant sans le secours des pleurs,
sans secours où qu'il se tourne,
acculé, cloué, vidé.

Il ne pèse presque plus.

La terre qui nous portait tremble.

Une stupeur
commençait dans ses yeux : que cela fût
possible. Une tristesse aussi,
vaste comme ce qui venait sur lui,
qui brisait les barrières de sa vie,
vertes, pleines d'oiseaux.

Lui qui avait toujours aimé son clos, ses murs,
lui qui gardait les clefs de la maison.

Entre la plus lointaine étoile et nous,
la distance, inimaginable, reste encore
comme une ligne, un lien, comme un chemin.
S'il est un lieu hors de toute distance,
ce devait être là qu'il se perdait :
non pas plus loin que toute étoile, ni moins
    loin,
mais déjà presque dans un autre espace,
en dehors, entraîné hors des mesures.
Notre mètre, de lui à nous, n'avait plus cours :
autant, comme une lame, le briser sur le genou.

(Mesurez, laborieux cerveaux, oui, mesurez
ce qui nous sépare d'astres encore inconnus,
tracez, aveugles ivres, parcourez ces lignes,
puis voyez ce qui brise votre règle entre vos
    mains.
Ici, considérez l'unique espace infranchissable.)

Muet. Le lien des mots commence à se défaire
aussi. Il sort des mots.
Frontière. Pour un peu de temps
nous le voyons encore.
Il n'entend presque plus.
Hélerons-nous cet étranger s'il a oublié
notre langue, s'il ne s'arrête plus pour écouter?
Il a affaire ailleurs.
Il n'a plus affaire à rien.
Même tourné vers nous,
c'est comme si on ne voyait plus que son dos.

Dos qui se voûte
pour passer sous quoi?

« Qui m'aidera ? Nul ne peut venir jusqu'ici.
Qui me tiendrait les mains ne tiendrait pas celles
    qui tremblent,
qui mettrait un écran devant mes yeux ne me
    garderait pas de voir,
qui serait jour et nuit autour de moi comme un
    manteau
ne pourrait rien contre ce feu, contre ce froid.
D'ici, j'atteste au moins qu'il est un mur
qu'aucun engin, qu'aucune trompette n'ébranle.
Rien ne m'attend plus désormais que le plus
    long et le pire. »

Est-ce ainsi qu'il se tait dans l'étroitesse de la
    nuit ?

C'est sur nous maintenant
comme une montagne en surplomb.

Dans son ombre glacée,
on est réduit à vénérer et à vomir.

À peine ose-t-on voir.

Quelque chose s'enfonce pour détruire.
Quelle pitié
quand l'autre monde enfonce dans un corps
son coin !

N'attendez pas
que je marie la lumière à ce fer.

Le front contre le mur de la montagne
dans le jour froid,
nous sommes pleins d'horreur et de pitié.

Dans le jour hérissé d'oiseaux.

On peut nommer cela horreur, ordure,
prononcer même les mots de l'ordure
déchiffrés dans le linge des bas-fonds :
à quelque singerie que se livre le poète,
cela n'entrera pas dans sa page d'écriture.

Ordure non à dire ni à voir :
à dévorer.

En même temps,
simple comme de la terre.

Se peut-il que la plus épaisse nuit
n'enveloppe cela ?

L'illimité accouple ou déchire.

On sent un remugle de vieux dieux.

Misère
comme une montagne sur nous écroulée.

Pour avoir fait pareille déchirure,
ce ne peut être un rêve simplement qui se
    dissipe.

L'homme, s'il n'était qu'un nœud d'air,
faudrait-il, pour le dénouer, fer si tranchant ?

Bourrés de larmes, tous, le front contre ce mur,
plutôt que son inconsistance,
n'est-ce pas la réalité de notre vie
qu'on nous apprend ?

Instruits au fouet.

Un simple souffle, un nœud léger de l'air,
une graine échappée aux herbes folles du Temps,
rien qu'une voix qui volerait chantant
à travers l'ombre et la lumière,

s'effacent-ils : aucune trace de blessure.
La voix tue, on dirait plutôt, un instant,
l'étendue apaisée, le jour plus pur.
Qui sommes-nous, qu'il faille ce fer dans le sang ?

On le déchire, on l'arrache,
cette chambre où nous nous serrons est
    déchirée,
notre fibre crie.

Si c'était le « voile du Temps » qui se déchire,
la « cage du corps » qui se brise,
si c'était l'« autre naissance » ?

On passerait par le chas de la plaie,
on entrerait vivant dans l'éternel...

Accoucheuses si calmes, si sévères,
avez-vous entendu le cri
d'une nouvelle vie ?

Moi, je n'ai vu que cire qui perdait sa flamme,
et pas la place entre ces lèvres sèches
pour l'envol d'aucun oiseau.

Plus aucun souffle.

Comme quand le vent du matin
a eu raison
de la dernière bougie.

Il y a en nous un si profond silence
qu'une comète
en route vers la nuit des filles de nos filles,
nous l'entendrions.

Déjà ce n'est plus lui.
Souffle arraché : méconnaissable.

Cadavre. Un météore nous est moins lointain.

Qu'on emporte cela.

Un homme — ce hasard aérien,
plus grêle sous la foudre qu'insecte de verre et
    de tulle,
ce rocher de bonté grondeuse et de sourire,
ce vase plus lourd à mesure de travaux, de sou-
    venirs —,
arrachez-lui le souffle : pourriture.

Qui se venge, et de quoi, par ce crachat ?

Ah, qu'on nettoie ce lieu.

J'ai relevé les yeux.

Derrière la fenêtre,
au fond du jour,
des images quand même passent.

Navettes ou anges de l'être,
elles réparent l'espace.

L'enfant, dans ses jouets, choisit, qu'on la
    dépose
auprès du mort, une barque de terre :
le Nil va-t-il couler jusqu'à ce cœur ?

Longuement autrefois j'ai regardé ces barques
    des tombeaux
pareilles à la corne de la lune.
Aujourd'hui, je ne crois plus que l'âme en ait
    l'usage,
ni d'aucun baume, ni d'aucune carte des Enfers.

Mais si l'invention tendre d'un enfant
sortait de notre monde,
rejoignait celui que rien ne rejoint ?

Ou est-ce nous qu'elle console, sur ce bord ?

S'il se pouvait (qui saura jamais rien ?)
qu'il ait encore une espèce d'être aujourd'hui,
de conscience même que l'on croirait proche,
serait-ce donc ici qu'il se tiendrait,
dans cet enclos, non pas dans la prairie ?
Se pourrait-il qu'il attendît ici
comme à un rendez-vous donné « près de la
    pierre »,
qu'il eût l'emploi de nos pas muets, de nos
    larmes ?
Comment savoir ? Un jour ou l'autre, on voit
ces pierres s'enfoncer dans les herbes éter-
    nelles,
tôt ou tard il n'y a plus d'hôtes à convier
au repère à son tour enfoui,
plus même d'ombres dans nulle ombre.

Plutôt, le congé dit, n'ai-je plus eu qu'un seul
    désir :
m'adosser à ce mur
pour ne plus regarder à l'opposé que le jour,
pour mieux aider les eaux qui prennent source
    en ces montagnes
à creuser le berceau des herbes,
à porter sous les branches basses des figuiers,
à travers la nuit d'août,
les barques pleines de brûlants soupirs.

Et moi maintenant tout entier dans la cascade
    céleste,
enveloppé dans la chevelure de l'air,
ici, l'égal des feuilles les plus lumineuses,
suspendu à peine moins haut que la buse,
regardant,
écoutant
— et les papillons sont autant de flammes
    perdues,
les montagnes autant de fumées —,
un instant, d'embrasser le cercle entier du ciel
autour de moi, j'y crois la mort comprise.

Je ne vois presque plus rien que la lumière,
les cris d'oiseaux lointains en sont les nœuds,

la montagne ?

Légère cendre
au pied du jour.

Toi cependant,

ou tout à fait effacé
et nous laissant moins de cendres
que feu d'un soir au foyer,

ou invisible habitant l'invisible,

ou graine dans la loge de nos cœurs,

quoi qu'il en soit,

demeure en modèle de patience et de sourire,
tel le soleil dans notre dos encore
qui éclaire la table, et la page, et les raisins.

CHANTS D'EN BAS

GREAT PLAINS

Je l'ai vue droite et parée de dentelles
comme un cierge espagnol.
Elle est déjà comme son propre cierge, éteint.

Qu'elle me semble dure tout à coup !

Dure comme une pierre,
un coin de pierre fiché dans le jour,
une hache fendant l'aubier de l'air.
Et ces oiseaux aveugles
qui traversent encore le jardin, qui chantent
malgré tout dans la lumière !

Elle est déjà comme sa propre pierre
avec dessus les pieuses et vaines fleurs éparses
et pas de nom : ô pierre mal aimée
profond dans l'aubier du cœur.

Parler

1

Parler est facile, et tracer des mots sur la page,
en règle générale, est risquer peu de chose :
un ouvrage de dentellière, calfeutré,
paisible (on a pu même demander
à la bougie une clarté plus douce, plus trom-
    peuse),
tous les mots sont écrits de la même encre,
« fleur » et « peur » par exemple sont presque
    pareils,
et j'aurai beau répéter « sang » du haut en bas
de la page, elle n'en sera pas tachée,
ni moi blessé.

Aussi arrive-t-il qu'on prenne ce jeu en horreur,
qu'on ne comprenne plus ce qu'on a voulu faire
en y jouant, au lieu de se risquer dehors
et de faire meilleur usage de ses mains.

Cela,
c'est quand on ne peut plus se dérober à la
    douleur,

qu'elle ressemble à quelqu'un qui approche
en déchirant les brumes dont on s'enveloppe,
abattant un à un les obstacles, traversant
la distance de plus en plus faible — si près
   soudain
qu'on ne voit plus que son mufle plus large
que le ciel.

Parler alors semble mensonge, ou pire : lâche
insulte à la douleur, et gaspillage
du peu de temps et de forces qui nous reste.

2

Chacun a vu un jour (encore qu'aujourd'hui
on cherche à nous cacher jusqu'à la vue du
    feu)
ce que devient la feuille de papier près de la
    flamme,
comme elle se rétracte, hâtivement, se racornit,
s'effrange… Il peut nous arriver cela aussi,
ce mouvement de retrait convulsif, toujours trop
    tard,
et néanmoins recommencé pendant des jours,
toujours plus faible, effrayé, saccadé,
devant bien pire que du feu.

Car le feu a encore une splendeur, même s'il
    ruine,
il est rouge, il se laisse comparer au tigre
ou à la rose, à la rigueur on peut prétendre,
on peut s'imaginer qu'on le désire
comme une langue ou comme un corps;
autrement dit, c'est matière à poème
depuis toujours, cela peut embraser la page

et d'une flamme soudain plus haute et plus
   vive
illuminer la chambre jusqu'au lit ou au jardin
sans vous brûler — comme si, au contraire,
on était dans son voisinage plus ardent, comme
   s'il
vous rendait le souffle, comme si
l'on était de nouveau un homme jeune devant
   qui
l'avenir n'a pas de fin…

C'est autre chose, et pire, ce qui fait un être
se recroqueviller sur lui-même, reculer
tout au fond de la chambre, appeler à l'aide
n'importe qui, n'importe comment :
c'est ce qui n'a ni forme, ni visage, ni aucun
   nom,
ce qu'on ne peut apprivoiser dans les images
heureuses, ni soumettre aux lois des mots,
ce qui déchire la page
comme cela déchire la peau,
ce qui empêche de parler en autre langue que
   de bête.

3

Parler pourtant est autre chose, quelquefois,
que se couvrir d'un bouclier d'air ou de paille…
Quelquefois c'est comme en avril, aux premières
    tiédeurs,
quand chaque arbre se change en source, quand
    la nuit
semble ruisseler de voix comme une grotte
(à croire qu'il y a mieux à faire dans l'obscurité
des frais feuillages que dormir),
cela monte de vous comme une sorte de bon-
    heur,
comme s'il le fallait, qu'il fallût dépenser
un excès de vigueur, et rendre largement à
    l'air
l'ivresse d'avoir bu au verre fragile de l'aube.

Parler ainsi, ce qui eut nom chanter jadis
et que l'on ose à peine maintenant,
est-ce mensonge, illusion ? Pourtant, c'est par les
    yeux ouverts
que se nourrit cette parole, comme l'arbre

par ses feuilles.

        Tout ce qu'on voit,
tout ce qu'on aura vu depuis l'enfance,
précipité au fond de nous, brassé, peut-être
    déformé
ou bientôt oublié — *le convoi du petit garçon*
de l'école au cimetière, sous la pluie;
une très vieille dame en noir, assise
à la haute fenêtre d'où elle surveille
l'échoppe du sellier; un chien jaune appelé Pyrame
dans le jardin où un mur d'espaliers
répercute l'écho d'une fête de fusils :
fragments, débris d'années —

tout cela qui remonte en paroles, tellement
allégé, affiné qu'on imagine
à sa suite guéer même la mort...

4

Y aurait-il des choses qui habitent les mots
plus volontiers, et qui s'accordent avec eux
— ces moments de bonheur qu'on retrouve
    dans les poèmes
avec bonheur, une lumière qui franchit les
    mots
comme en les effaçant — et d'autres choses
qui se cabrent contre eux, les altèrent, qui les
    détruisent :

comme si la parole rejetait la mort,
ou plutôt, que la mort fît pourrir
même les mots ?

5

Assez ! oh assez.
Détruis donc cette main qui ne sait plus tracer
que fumées,
et regarde de tous tes yeux :

Ainsi s'éloigne cette barque d'os qui t'a porté,
ainsi elle s'enfonce (et la pensée la plus pro-
    fonde
ne guérira pas ses jointures),
ainsi elle se remplit d'une eau amère.

Oh puisse-t-il, à défaut du grand filet
de lumière, inespérable,
pour toute vieille barque humaine en ces mortels
    parages,
y avoir rémission des peines, brise plus douce,
enfantin sommeil.

6

J'aurais voulu parler sans images, simplement
pousser la porte…

           J'ai trop de crainte
pour cela, d'incertitude, parfois de pitié :
on ne vit pas longtemps comme les oiseaux
dans l'évidence du ciel,

                et retombé à terre,
on ne voit plus en eux précisément que des
    images
ou des rêves.

7

Parler donc est difficile, si c'est chercher… cher-
   cher quoi ?
Une fidélité aux seuls moments, aux seules
   choses
qui descendent en nous assez bas, qui se
   dérobent,
si c'est tresser un vague abri pour une proie
   insaisissable…

Si c'est porter un masque plus vrai que son
   visage
pour pouvoir célébrer une fête longtemps perdue
avec les autres, qui sont morts, lointains ou
   endormis
encore, et qu'à peine soulèvent de leur couche
cette rumeur, ces premiers pas trébuchants, ces
   feux timides
— nos paroles :
bruissement du tambour pour peu que l'effleure
   le doigt
inconnu…

8

Déchire ces ombres enfin comme chiffons,
vêtu de loques, faux mendiant, coureur de lin-
    ceuls :
singer la mort à distance est vergogne,
avoir peur quand il y aura lieu suffit. À présent,
habille-toi d'une fourrure de soleil et sors
comme un chasseur contre le vent, franchis
comme une eau fraîche et rapide ta vie.

Si tu avais moins peur,
tu ne ferais plus d'ombre sur tes pas.

(Je t'arracherais bien la langue, quelquefois, sentencieux phraseur. Mais regarde-toi donc dans le miroir brandi par les sorcières : bouche d'or, source longtemps si fière de tes sonores prodiges, tu n'es déjà plus qu'égout baveux.)

À LA LUMIÈRE D'HIVER

I

Fleurs, oiseaux, fruits, c'est vrai, je les ai
    conviés,
je les ai vus, montrés, j'ai dit :
« c'est la fragilité même qui est la force »,
facile à dire ! et trop facile de jongler
avec le poids des choses une fois changées en
    mots !
On bâtissait le char d'Élie avec des graines
légères, des souffles, des lueurs, on prétendait
se vêtir d'air comme les oiseaux et les saints…

Frêles signes, maison de brume ou d'étincelles,
jeunesse…
         puis les portes se ferment en grinçant
l'une après l'autre.

Et néanmoins je dis encore,
non plus porté par la course du sang, non plus
    ailé,
hors de tout enchantement,
trahi par tous les magiciens et tous les dieux,

depuis longtemps fui par les nymphes
même au bord des rivières transparentes
et même à l'aube,

        mais en me forçant à parler, plus têtu
que l'enfant quand il grave avec peine son nom
sur la table d'école,

j'insiste, quoique je ne sache plus les mots,
quoique ce ne soit pas ainsi la juste voie
— qui est droite comme la course de l'amour
vers la cible, la rose le soir enflammée,
alors que moi, j'ai une canne obscure
qui, plus qu'elle ne trace aucun chemin, ravage
la dernière herbe sur ses bords, semée
peut-être un jour par la lumière pour un plus
hardi marcheur...

« Oui, oui, c'est vrai, j'ai vu la mort au travail
et, sans aller chercher la mort, le temps aussi,
tout près de moi, sur moi, j'en donne acte à mes
    deux yeux,
adjugé ! Sur la douleur, on en aurait trop long à
    dire.
Mais quelque chose n'est pas entamé par ce
    couteau
ou se referme après son coup comme l'eau der-
    rière la barque. »

« Lapidez-moi encore de ces pierres du temps
qui ont détruit les dieux et les fées,
que je sache ce qui résiste à leur parcours et à
  leur chute. »

Si c'était quelque chose entre les choses, comme
l'espace entre tilleul et laurier, dans le jardin,
comme l'air froid sur les yeux et la bouche
quand on franchit, sans plus penser, sa vie,
si c'était, oui, ce simple pas risqué
dehors...
              Pensée subtile, mais quelle pensée,
si l'étoffe du corps se déchire, la recoudra ?

Un homme qui vieillit est un homme plein
    d'images
raides comme du fer en travers de sa vie,
n'attendez plus qu'il chante avec ces clous dans
    la gorge.
Autrefois la lumière nourrissait sa bouche,
maintenant il raisonne et se contraint.

Or, on peut raisonner sur la douleur, sur la
    joie,
démontrer, semble-t-il, presque aisément
l'inanité de l'homme. On peut parler
comme je parle à présent dans cette chambre
qui n'est pas encore en ruine, par ces lèvres
que ne coud pas encore le fil de la mort,
indéfiniment.
                Toutefois, on dirait
que cette espèce-là de parole, brève ou prolixe,
toujours autoritaire, sombre, comme aveugle,
n'atteint plus son objet, aucun objet, tournant
sans fin sur elle-même, de plus en plus vide,

alors qu'ailleurs, plus loin qu'elle ou simple-
  ment
à côté, demeure ce qu'elle a longtemps cherché.
Les mots devraient-ils donc faire sentir
ce qu'ils n'atteignent pas, qui leur échappe,
dont ils ne sont pas maîtres, leur envers ?

De nouveau je m'égare en eux,
de nouveau ils font écran, je n'en ai plus
le juste usage,
                quand toujours plus loin
se dérobe le reste inconnu, la clef dorée,
et déjà le jour baisse, le jour de mes yeux…

II

Aide-moi maintenant, air noir et frais, cristal
noir. Les légères feuilles bougent à peine,
comme pensées d'enfants endormis. Je traverse
la distance transparente, et c'est le temps
même qui marche ainsi dans ce jardin,
comme il marche plus haut de toit en toit,
    d'étoile
en étoile, c'est la nuit même qui passe.

Je fais ces quelques pas avant de remonter
là où je ne sais plus ce qui m'attend, compagne
tendre ou détournée, servantes si dociles
de nos rêves ou vieux visage suppliant...
La lumière du jour, en se retirant

                    — comme un voile
tombe et reste un instant visible autour
des beaux pieds nus —

                    découvre la femme d'ébène
et de cristal, la grande femme de soie noire
dont les regards brillent encore pour moi
de tous ses yeux peut-être éteints depuis long-
    temps.

La lumière du jour s'est retirée, elle révèle,
à mesure que le temps passe et que j'avance
en ce jardin, conduit par le temps,

                                    autre chose
— au-delà de la belle sans relâche poursuivie,
de la reine du bal où nul ne fut jamais convié,
avec ses fermoirs d'or qui n'agrafent plus nulle
    robe —
autre chose de plus caché, mais de plus
    proche…

Ombres calmes, buissons tremblant à peine, et
    les couleurs,
elles aussi, ferment les yeux. L'obscurité
lave la terre.

            C'est comme si l'immense
porte peinte du jour avait tourné
sur ses gonds invisibles, et je sors dans la
    nuit,
je sors enfin, je passe, et le temps passe
aussi la porte sur mes pas.

                    Le noir n'est plus ce mur
encrassé par la suie du jour éteint,
je le franchis, c'est l'air limpide, taciturne,
j'avance enfin parmi les feuilles apaisées,
je puis enfin faire ces quelques pas, léger
comme l'ombre de l'air,

l'aiguille du temps brille et court dans la soie
    noire,
mais je n'ai plus de mètre dans les mains,

rien que de la fraîcheur, une fraîcheur obscure
dont on recueille le parfum rapide avant le
jour.

(Chose brève, le temps de quelques pas dehors,
mais plus étrange encore que les mages et les
dieux.)

Une étrangère s'est glissée dans mes paroles,
beau masque de dentelle avec, entre les mailles,
deux perles, plusieurs perles, larmes ou regards.
De la maison des rêves sans doute sortie,
elle m'a effleuré de sa robe en passant
— ou si cette soie noire était déjà sa peau, sa
    chevelure ? —
et déjà je la suis, parce que faible
et presque vieux, comme on poursuit un sou-
    venir ;
mais je ne la rejoindrai pas plus que les autres
qu'on attend à la porte de la cour ou de la loge
dont le jour trop tôt revenu tourne la clef...

Je pense que je n'aurais pas dû la laisser
apparaître dans mon cœur ; mais n'est-il pas
    permis
de lui faire un peu de place, qu'elle approche
— on ne sait pas son nom, mais on boit son
    parfum,
son haleine et, si elle parle, son murmure —

et qu'à jamais inapprochée, elle s'éloigne
et passe, tant qu'éclairent encore les lanternes
   de papier de l'acacia ?
Laissez-moi la laisser passer, l'avoir vue encore
   une fois,
puis je la quitterai sans qu'elle m'ait même
   aperçu,
je monterai les quelques marches fatiguées
et, rallumant la lampe, reprendrai la page
avec des mots plus pauvres et plus justes, si je
   puis.

Nuages de novembre, oiseaux sombres par bandes
 qui traînez
et laissez après vous aux montagnes un peu
des plumes blanches de vos ventres,
longs miroirs des routes désertes, des fossés,
terre de plus en plus visible et grande, tombe
et déjà berceau des herbes,
                              le secret qui vous lie,
arrive-t-il qu'on cesse de l'entendre un jour ?

Écoute, écoute mieux, derrière
tous les murs, à travers le vacarme croissant
qui est en toi et hors de toi,
écoute... Et puise dans l'eau invisible
où peut-être boivent encore d'invisibles bêtes
après d'autres, depuis toujours, qui sont
 venues,
silencieuses, blanches, lentes, au couchant
(ayant été dès l'aube obéissantes au soleil sur le
 grand pré),

274

laper cette lumière qui ne s'éteint pas la nuit
mais seulement se couvre d'ombre, à peine,
comme se couvrent les troupeaux d'un manteau
de sommeil.

… Et le ciel serait-il clément tout un hiver,
le laboureur avec patience ayant conduit ce soc
où peut-être Vénus aura paru parfois
entre la boue et les buées de l'aube,
verra-t-il croître en mars, à ras de terre,
une herbe autre que l'herbe ?

Tout cela qui me revient encore — peu sou-
vent —
n'est-il que rêve, ou dans le rêve
y a-t-il un reflet qu'il faille préserver
comme on garde la flamme d'être par le vent
ruinée,
ou qu'on puisse répandre en libation dans le
sol
sur quoi nos pas se font plus lents, plus trébu-
chants
avant d'y enfoncer ? (Déjà ils y enfoncent.)

L'eau que l'on ne boira jamais, la lumière
que ces yeux trop faibles ne pourront pas
voir,
je n'en ai pas perdu encore la pensée…

Mais le verre de l'aube se brise un peu vite,
le monde tout entier n'est plus qu'un vase de
terre
dont on voit maintenant grandir les fêlures,

et notre crâne une cruche d'os
bientôt bonne à jeter.

Qu'est-ce toutefois, dedans, que cette eau amère
ou douce à boire ?

Les larmes quelquefois montent aux yeux
comme d'une source,
elles sont de la brume sur des lacs,
un trouble du jour intérieur,
une eau que la peine a salée.

La seule grâce à demander aux dieux lointains,
aux dieux muets, aveugles, détournés,
à ces fuyards,
ne serait-elle pas que toute larme répandue
sur le visage proche
dans l'invisible terre fît germer
un blé inépuisable ?

L'hiver, le soir :

        alors, parfois, l'espace
ressemble à une chambre boisée
avec des rideaux bleus de plus en plus sombres
où s'usent les derniers reflets du feu,
puis la neige s'allume contre le mur
telle une lampe froide.

Ou serait-ce déjà la lune qui, en s'élevant,
se lave de toute poussière
et de la buée de nos bouches?

Écoute, vois : ne monte-t-il pas quelque chose
de la terre, de beaucoup plus bas,
comme une lumière, par vagues, comme un
    Lazare
blessé, surpris, par lents battements d'ailes
blanches — alors qu'un instant tout se tait,
et c'est vraiment ici où nous sommes, apeurés —,
et ne descend-il pas aussi de plus loin que le ciel
à leur rencontre d'autres vols, plus blancs
— pour n'être pas passés parmi les racines
    boueuses —,
et ne courent-ils pas à présent les uns vers les
    autres
de plus en plus vite, à la manière
des rencontres d'amour ?

Ah pense-le, quoi qu'il en soit, dis-le,
dis que cela peut être vu,
que vous saurez encore courir comme cela,
mais bien cachés dans le manteau rêche de la
    nuit.

Sur tout cela maintenant je voudrais
que descende la neige, lentement,
qu'elle se pose sur les choses tout au long du
   jour
— elle qui parle toujours à voix basse —
et qu'elle fasse le sommeil des graines,
d'être ainsi protégé, plus patient.

Et nous saurions que le soleil encore,
cependant, passe au-delà,
que, si elle se lasse, il redeviendra même un
   moment
visible, comme la bougie derrière son écran jauni.

Alors, je me ressouviendrais de ce visage
qui demeure, lui aussi, derrière
la lente chute des cristaux humides,
qui change, avec ses yeux limpides ou en larmes,
impatiemment fidèles...
               Et, caché par la neige,
de nouveau j'oserais louer leur clarté bleue.

Fidèles yeux de plus en plus faibles jusqu'à
ce que les miens se ferment, et après eux,
   l'espace
comme un éventail peint dont il ne resterait
   plus
qu'un frêle manche d'os, une trace glacée
pour les seuls yeux sans paupières d'autres astres.

BEAUREGARD

Trois fantaisies

MARS

Voici sans doute les dernières neiges sur les versants nord et ouest des montagnes, sous le ciel qui se réchauffe presque trop vite ; il me semble cette année que je les regretterai, et je voudrais les retenir. Elles vont fondre, imprégner d'eau froide les prés pauvres de ces pentes sans arbres ; devenir ruissellement sonore ici et là dans les champs, les herbes encore jaunes, la paille. Chose elle aussi qui émerveille, mais j'aurais voulu plus longtemps garder l'autre, l'aérienne lessive passée au bleu, les tendres miroirs sans brillant, les fuyantes hermines. J'aurais voulu m'en éclairer encore, y abreuver mes yeux.

Lettres de l'étranger...

Je laisse, à ma manière paresseuse, circuler ces images, espérant parmi elles trouver la bonne, la plus juste. Qui n'est pas encore trouvée, et ne le sera d'ailleurs jamais. Parce que rien ne peut être identifié, confondu à rien, parce qu'on ne peut rien atteindre ni posséder vraiment. Parce que nous n'avons qu'une langue d'hommes.

Bourgeons hâtifs, pressés, promptes feuilles, verdures imminentes, ne chassez pas trop vite ces troupes attardées d'oiseaux blancs. Ces ruches de feuilles — et là-haut, loin, ces ruches de cristal.

(Ici, de nouveau, surgissent les couleurs, sur fond de terre, à l'abri des cyprès, dans leur enclos sombre ; le troupeau des couleurs, des fleurs — et il y a aussi les feux des saules, une charrette, un homme accroupi, travaillant on ne sait à quoi, un arrosoir. Le rose insaisissable, jailli, suspendu : vol arrêté. Dans l'abri, derrière les barrières vertes, ces braises qui ne brûlent pas si on les prend dans sa main, mais s'y éteignent vite. L'aube des arbres, du bois. Comme il est étonnant que cela doive se changer bientôt en fruits ronds et lourds, tels des œufs d'oiseaux... Arbre un instant couvert d'ailes, qui vont tomber, jaunir, s'éparpiller, se remélanger à la terre encore humide.)

Là-haut, ces abeilles froides — chassées par celles du soleil. Je voudrais marcher là-haut maintenant, atteindre le bord de ces miroirs, de ces lacs qui se résorbent lentement, y plonger le visage — au-dessus des arbres et des fleurs.

Les neiges vont fondre, elles commencent à fondre — elles sont effacées par la tiédeur de l'air piqué de cris d'oiseaux comme une étoffe, bientôt elles ruisselleront, sonores, dans la paille des champs, elles descendront, viendront à nous, rapides, froides, limpides — bondissantes, elles vont se dénouer comme des nuages — ah ! qu'on regarde encore cela, qu'on le recueille et le respire. Ce sont les cimes qui se dénouent et ruissellent et courent vers nous (mais c'est bien autre chose, je dois seulement laisser le flot passer, les eaux courir, descendre, m'alimenter).

Sources suspendues, cimes devenues sources — allumées autour de nous très haut. Une lumière que l'altitude et le froid cristallisent et soudain, ou peu à peu, la saison venue, elle quitte ces hauteurs, se dénoue et vient à nous, rapide et gaie, une bousculade amortie par les herbes.

Neige qui se décoiffe, dépeignée en ruisseaux, neige que les nœuds du froid tenaient serrée — et, retire-t-on ces peignes, ces épingles, elle croule, elle ruisselle en mèches vives, parfumées — toutes les eaux fraîchement crépitantes du printemps dans les prés.

Continuerais-je ainsi, je crois que je ne tarderais pas à murmurer un nom, plusieurs noms peut-être, de ceux que je n'ai pas dits assez haut quand je l'aurais pu, trop avare ou trop soucieux que j'étais de ma vie. L'âge froid commence qui, lui, ne connaîtra pas d'heureuse débâcle, de dégel, du moins sur le versant visible de ce monde-ci ; et je le surprends de plus en plus souvent à s'égarer dans des rêveries qui remontent le temps pour en oublier l'irrésistible et indéviable courant, et déboucher en amont sur une source qui prend divers visages, quelquefois très vagues ou tout à fait inconnus, mais ce sont toujours des visages — et plus seulement des eaux, fraîches et vives. La figure et l'eau lointaine sont comme tressées ensemble, l'eau n'est plus que du lierre autour de son corps ou une dentelle, et l'âge, caché dans l'embrasure, je le surprends déjà qui épie, se souvient, regrette peut-être ou se reprend à rêver...

Mais je m'approche à nouveau maintenant de cet œuf blanc dans le nid de la brume. La légère troupe féminine s'égaille et je n'entends presque plus le grelot de ses rires. Je me tiens un peu plus tranquille dans cette lumière de mars qu'un rien semble pouvoir briser.

Sources nouées par le froid, par la hauteur, à la limite entre ciel et montagne, je n'ai pas tort de vous confondre avec la lune, ou de vous y rattacher. Vous me lavez les yeux. Je reçois ainsi parfois votre ablution, je ferme les paupières, je les relève : il me semble que mon regard porte un peu plus loin, qu'il me précède et que je dois le suivre.

Je garderai cette obole blanche pour le passeur qu'il n'y a plus.

AVRIL

Un chercheur d'herbe… touchant la terre encore mouillée, allumant de petits feux de branches, déplaçant des pierres. Sous ces arbres, entre ces buissons et ces haies qui portent déjà presque trop de feuilles, formant des espèces de dômes ou de cages, mais que le plus faible souffle agite et entrouvre. Et lui, cette année plus qu'en aucune autre, comme bousculé par cette hâte, et ce qu'il aurait voulu saisir est déjà passé, changé, disparu.

Il y a là des fleurs couleur orange, une couleur qui n'est ni du feu ni du sang, plutôt parente du soleil, d'un soleil apprivoisé, calmé, une couleur simple, unie, sans profondeur — comme une bonté, un réconfort. Dans l'air ensoleillé mais resté froid.

Lui, il n'a pas plus de réalité que les ombres légères des feuilles, il ignore s'il est même l'ombre de quoi que ce soit ; il voudrait être aussi plein, aussi réel que ces fleurs. Par moments, on croirait qu'il leur abandonne sa vie, comme un aveugle se laisse conduire par une enfant.

Des iris aussi se sont ouverts. Il y revient toujours, se fiant à leurs lanternes mauves. S'il y avait une éternité, leur parfum en pourrait être le fil invisible. S'il a eu une vie, c'est leur parfum qui en a tramé l'étoffe, peut-être.

Les lignes du râteau peignent la terre, la rident comme une eau. Il faut les tracer quand celle-ci n'est pas trop sèche, sinon de la poussière s'élève et envahit la maison, se déposant sur les tables, les livres, les flacons. Des moines, en Extrême-Orient, ont créé des jardins de méditation à partir de ces lignes et de quelques pierres. Cela ne me surprend pas, car les dessins du râteau produisent une sorte d'apaisement intérieur, un sentiment de plénitude silencieuse. Pourquoi ? Ai-je coiffé la terre comme je coiffe encore quelquefois mon enfant, qui n'est plus une enfant ?

Ce travail facile, ces gestes qui s'accommodent de la lenteur et de la distraction, brisent la mince écorce que la chaleur avait rendue imperméable, opaque ; on voit de nouveau la matière plus sombre, intime, vivante de la terre. Celle-ci s'est rouverte en même temps qu'elle s'est ordonnée. Ressemblerait-elle à ces persiennes qui laissent passer la lumière en la striant ? Je ne sais trop. Sans doute faut-il plutôt penser à des ondes, à la vibration d'une voix, à l'écriture d'un chant… On aurait fait apparaître un chant à la surface de ce sol qui nous porte et nous recevra ; une fois que c'est achevé, comme devant une surface de neige fraîche, on hésite à y marquer son pas.

J'ai fait de ma tombe une chevelure, un lac sombre ou un chant à bouche fermée.

Terre navigable, comme si le vent la ridait.

N'oublie pas que tu as marché dans ce jardin. La maison, dedans, est comme un rocher creux qui en émerge. On ne peut dire ce qu'elle protège, ce qu'elle enferme. À l'intérieur, tout ne saurait être toujours clair et facile. Mais c'est le secret de ceux qui en ont fait leur abri entre deux logements plus opaques. Moi, je puis parler seulement de ce qui tremble et jaillit autour comme l'écume au pied des écueils : iris, lierre et laurier. Arbres et pierres durent plus longtemps que les locataires, les jardiniers. Aussi les aident-ils quelquefois à surmonter leurs craintes, leurs découragements. On soulage certains maux avec des décoctions de plantes sans apparence. J'essaie d'en faire infuser de plus magiques que la sarriette ou même la belladone, puisqu'elles devraient permettre à la plaie la plus profonde de se cicatriser.

Les linaires, dites aussi, je ne sais pourquoi, « ruines de Rome », envahissent les murs comme de légers acrobates à bout de tiges ; ou comme de tranquilles essaims d'abeilles un peu pâles, couleur de soir, de souvenirs qui s'effacent ; des abeilles qui se seraient endormies en oubliant leur affairement, leur dard et leur miel.

Quand le vent herse l'air, toute la verdure n'est plus que froides étincelles. Les arbres gardent en leur centre comme une réserve de nuit, mais sur leurs bords, en surface, ils multiplient le jour par autant de morceaux de verre, à la fois filtres et miroirs.

Le ciel devient plus bleu, plus dur, plus massif à mesure que l'œil monte et s'éloigne des choses dans leur halo de lumière. Un homme qui a tiré sa chaise au soleil avec la lenteur des malades peu sûrs de guérir parle de son chien, de ses fleurs. Cette voix humaine toute seule dans l'éclat intense de l'après-midi est étrange comme une cloche lointaine.

Prenez cela au moins avant d'être jetés à terre, recueillez ces images, poursuivez ces menus travaux. J'aurais aimé écrire une ode à ce jardin comme certains l'ont fait à l'automne ou à l'âme humaine ; et quand on les lit, on éprouve une grande joie. Mais il semble que ce ne soit plus possible, même à de mieux armés que moi. On ouvre la bouche pour célébrer avril, et sur ces mêmes lèvres pèse déjà l'ombre des feuillages d'été. Mais est-ce vraiment la raison ? Peut-être l'élan qui porte au chant sait-il déjà qu'il ne durera pas jusqu'au bout de la page, que la dernière, ou même l'avant-dernière ligne ne sera plus que bafouillement ?

Aujourd'hui, je dirai seulement de ce jardin que j'y ai vu, d'année en année, la lumière circuler comme un enfant qui jouerait. D'année en année, c'est vrai, je la voyais moins bien, j'avais plus de peine à la suivre, à lui parler. Mais elle jouait toujours sous les feuillages accrus, sans rides, elle, sans cicatrices et sans larmes. Parce qu'elle est entre les choses, elle paraît inaltérable, éternelle même. Et c'est grâce à ces verdures fragiles, à ces jardins changeants, précaires, qu'on la voit. Qu'on y repense un instant entre deux pensées plus sombres ou plus avides. Les plantes murmurent sans cesse de la lumière. Il faudrait trouver ce qui dirait Dieu, ou du moins une joie suprême. L'obstacle, l'écran qui les révélerait.

MAI

J'ai dit une fois le pré de mai, une fête gaie et fragile, mais aujourd'hui ce n'est pas le même, ni à la même heure ; ce sont plutôt des prés, plus vagues, plus vastes, et qui sont vus non pas en plein soleil, mais le soir ; dans un vallon où les terres malgré les drainages sont restées humides, vite détrempées, et où semblent flotter de grands buissons sauvages mais d'une forme régulière, telles des coupoles abritant un chœur de rossignols, entre des murs bas et des chemins eux-mêmes herbeux, sous un ciel gris.

Encore une chose qui me surprend quand je passe, qui me touche de sa flèche tendre et presque silencieuse, qui me sollicite — et je ressens déjà qu'elle sera parmi les plus difficiles à dire, étant des plus discrètes et communes.

De hautes graminées mobiles, légères, d'espèces diverses (qu'il ne servirait sûrement à rien de distinguer, de nommer), et parmi elles des fleurs jaunes, ou roses, indistinctes, nombreuses et diverses elles aussi, à peine mieux connues.

L'herbe haute, légère, qui tremble sans aucune apparence d'effroi ou seulement d'agitation, qui vibre plutôt, et c'est le soir, le long soir d'été où volent les martinets. Des iris d'eau fleurissent en jaune, des grenouilles commencent à coasser (plus tard, elles étonneront par le volume de leur voix). Un nid de roseaux tressés à fleur d'eau porte des œufs ivoire tachés de brun ou de gris, on ne peut s'approcher, les berges sont traîtres. On pense à des histoires, à l'Histoire — si violente — en regardant l'herbe éternelle, frêle, qu'on va faucher, ou qui séchera. Une abondance sans luxe, une foison sans opulence : je me doutais bien que j'allais m'empêtrer à son propos plus que jamais.

Encore une chose qui est donnée au passant comme un souffle.

Au-dessous des yeux, autour de nos pas, comme l'eau sur la grève qui touche les chevilles, de couleur plutôt sombre et sans éclat, un vert sourd (amical, peut-on dire intime ? nullement étranger en tout cas), mais habité de fleurs elles-mêmes discrètes, modestes, presque pauvres, dédaignées et néanmoins nombreuses et gaies, sans beaucoup de parfum probablement (très différentes des riches fleurs de jardin), disons : presque insignifiantes et comme sans nom.

Une étendue animée, accueillante, rassurante, fraîche. La terre qui se modifie en surface, sous le ciel, qui se divise, s'allège, s'anime et monte.

On ne saurait parler d'un chant ; à peine d'un chantonnement. Si près de nous. Si simple.

Le soir, la tranquillité encore claire du long soir, l'aisance du grand ciel argenté où filent les oiseaux — le soleil étant couché, la température douce, le vent sans violence — et un peu partout s'élève le chant des rossignols cachés, si semblable à de l'eau qui ruisselle, au bruit d'une fontaine exaltée ; c'est comme si on marchait parmi de nombreuses fontaines sans les voir, dans ce large vallon bordé de chênes. Et le sol de tout cela, ce sont ces grands prés mobiles mais silencieux, leur étendue vibrante habitée de fleurs anonymes, un frémissement de tiges fines, droites, porteuses de graines, à peine attachées à la terre bien que liées à sa noire profondeur. Comme si la terre s'affinait en montant vers le ciel pur, lui tendait ces offrandes sans poids, à la rencontre de la pluie, leur sœur.

Sur le moment, je n'ai noté que cela. Bien conscient qu'une fois de plus je bâtissais ainsi une réalité à côté de l'autre ou autour d'elle, qui en avait gardé quelques traits mais en cachait ou en déformait d'autres et, de ce fait, découragé d'avance. M'avouant par moments que le seul mot de « pré », ou mieux de « prairie », en disait plus que ces recherches toujours menacées de préciosité.

M'obstinant tout de même aujourd'hui, après coup, donc peut-être trop tard.

Du vert, oui, mais ni sombre ni clair, à peine une couleur, plus indistinct, plus effacé ou secret que celui des arbres.

De l'espace, au-dessous des yeux, autour des pas, lui aussi vague, mais animé d'une vibration incessante, légère, tranquille, ne faisant que peu de bruit, ou pas du tout.

Une multitude de choses fines, sans poids bien qu'enracinées dans la terre, et porteuses de graines. Les « hautes herbes ».

Il ne faut pas s'en approcher trop, on ne le peut pas, au fond. Tout proche, cela reste infiniment lointain. Et malgré tout c'est comme un don qui vous est fait, un accueil qui vous est offert.

Le soir, quand la source de la lumière, du jour, s'est recachée, avant la nuit. Le ciel argenté apparaît comme un immense miroir où les derniers oiseaux seraient les reflets d'autres oiseaux, des traces noires et rapides, sifflantes. Sous le ciel argenté, la lampe étant cachée, éloignée…

Et moi je marche dans ces lieux, je les traverse. Un homme menacé, comme les autres, dans ce vaste espace. Si je volais, ce serait à la manière effrayée et gauche des chauves-souris. Pourtant, je suis reçu, accueilli dans ces prairies. Les dieux depuis longtemps se détournent. Nous n'avions plus la force de les porter. Les vases de libation sont couchés en débris sous la terre, tels des cœurs qui ont trop contenu. L'avenir effarouche nos derniers feux. On est comme quelqu'un qui n'arrive pas au bout d'une phrase commencée.

(Faut-il vraiment remonter aux dieux pour dire cela?)

Y a-t-il un lien du vert avec la nuit? de l'herbe avec la nuit?

Quelques couleurs, quelques fleurs là-dedans, roses, bleues, jaunes, petites.

Vert et argent. Hautes herbes le soir, prés avant la nuit. Entre le jour et la nuit. Pas besoin de soleil, au contraire. Un répit. Est-ce comme un sommeil? Un lit qui invite à s'y étendre?

Encore une chose intermédiaire, tellement proche et tellement lointaine, comme si elle n'avait pas seulement un corps.

Flèches qui bougent doucement dans le carquois de pierre.

Sous le ciel argenté comme un immense miroir où les derniers oiseaux seraient des reflets sifflants, violents, d'autre chose.

Les prés chantonnent à ras de terre contre la mort; ils disent l'air, l'espace, ils murmurent que l'air vit, que la terre continue à respirer.

Je n'ai jamais su prier, je suis incapable d'aucune prière.

Là, entre le jour et la nuit, quand le porteur du jour s'est éloigné derrière les montagnes, il me semble que les prés pourraient être une prière à voix très basse, une sorte de litanie distraite et rassurante comme le bruit d'un ruisseau, soumise aux faibles impulsions de l'air.

Je ne veux pas pour autant m'agenouiller en ce lieu, ni même prétendre que je me suis trouvé là sur des traces divines. Ce serait une autre espèce d'erreur. Je peux à peine préciser tout cela. Mais ces prairies existent, dispersées. Il ne faut même pas les chercher. On les longe à la fin d'une journée, de n'importe quelle journée, quand la lumière se fait moins distincte, le pas plus lent, et c'est comme s'il y avait une ombre à côté de vous revenue d'infiniment loin, alors qu'on ne l'espérait plus, et qui, si on se retournait pour la voir, ne s'effacerait peut-être même pas.

PENSÉES SOUS LES NUAGES

On voit

On voit les écoliers courir à grands cris
dans l'herbe épaisse du préau.

Les hauts arbres tranquilles
et la lumière de dix heures en septembre
comme une fraîche cascade
les abritent encore de l'énorme enclume
qui étincelle d'étoiles par-delà.

L'âme, si frileuse, si farouche,
devra-t-elle vraiment marcher sans fin sur ce
   glacier,
seule, pieds nus, ne sachant plus même épeler
sa prière d'enfance,
sans fin punie de sa froideur par ce froid ?

Tant d'années,
et vraiment si maigre savoir,
cœur si défaillant?

Pas la plus fruste obole dont payer
le passeur, s'il approche?

— J'ai fait provision d'herbe et d'eau rapide,
je me suis gardé léger
pour que la barque enfonce moins.

Elle s'approche du miroir rond
comme une bouche d'enfant
qui ne sait pas mentir,
vêtue d'une robe de chambre bleue
qui s'use elle aussi.

Cheveux bientôt couleur de cendre
sous le très lent feu du temps.

Le soleil du petit matin
fortifie encore son ombre.

Derrière la fenêtre dont on a blanchi le cadre
(contre les mouches, contre les fantômes),
une tête chenue de vieil homme se penche
sur une lettre, ou les nouvelles du pays.
Le lierre sombre croît contre le mur.

Gardez-le, lierre et chaux, du vent de l'aube,
des nuits trop longues et de l'autre, éternelle.

Quelqu'un tisse de l'eau (avec des motifs d'arbres
en filigrane). Mais j'ai beau regarder,
je ne vois pas la tisserande,
ni ses mains même, qu'on voudrait toucher.

Quand toute la chambre, le métier, la toile
se sont évaporés,
on devrait discerner des pas dans la terre
    humide…

On est encore pour un temps dans le cocon de
    la lumière.

Quand il se défera (lentement ou d'un seul
    coup),
aura-t-on pu au moins former les ailes
du paon de nuit, couvertes d'yeux,
pour se risquer dans ce noir et dans ce froid?

On voit ces choses en passant
(même si la main tremble un peu,
si le cœur boite),
et d'autres sous le même ciel :
les courges rutilantes au jardin,
qui sont comme les œufs du soleil,
les fleurs couleur de vieillesse, violette.

Cette lumière de fin d'été,
si elle n'était que l'ombre d'une autre,
éblouissante,
j'en serais presque moins surpris.

Pensées sous les nuages

— Je ne crois pas décidément que nous ferons
  ce voyage
à travers tous ces ciels qui seraient de plus en
  plus clairs,
emportés au défi de toutes les lois de l'ombre.
Je nous vois mal en aigles invisibles, à jamais
tournoyant autour de cimes invisibles elles
  aussi
par excès de lumière…
                  (À ramasser les tessons du temps,
on ne fait pas l'éternité. Le dos se voûte seu-
  lement
comme aux glaneuses. On ne voit plus
que les labours massifs et les traces de la charrue
à travers notre tombe patiente.)

— Il est vrai qu'on aura peu vu le soleil tous ces
  jours,
espérer sous tant de nuages est moins facile,

le socle des montagnes fume de trop de brouil-
   lard...
(Il faut pourtant que nous n'ayons guère de
   force
pour lâcher prise faute d'un peu de soleil
et ne pouvoir porter sur les épaules, quelques
   heures,
un fagot de nuages...
Il faut que nous soyons restés bien naïfs
pour nous croire sauvés par le bleu du ciel
ou châtiés par l'orage et par la nuit.)

— Mais où donc pensiez-vous aller encore, avec
   ces pieds usés?
Rien que tourner le coin de la maison, ou
   franchir,
de nouveau, quelle frontière?

(L'enfant rêve d'aller de l'autre côté des mon-
   tagnes,
le voyageur le fait parfois, et son haleine là-
   haut
devient visible, comme on dit que l'âme des
   morts...
On se demande quelle image il voit passer
dans le miroir des neiges, luire quelle flamme,
et s'il trouve une porte entrouverte derrière.
On imagine que, dans ces lointains, cela se peut :
une bougie brûlant dans un miroir, une main
de femme proche, une embrasure...)

Mais vous ici, tels que je vous retrouve,
vous n'aurez plus la force de boire dans ces flûtes
    de cristal,
vous serez sourds aux cloches de ces hautes
    tours,
aveugles à ces phares qui tournent selon le
    soleil,
piètres navigateurs pour une aussi étroite passe...

On vous voit mieux dans les crevasses des
    labours,
suant une sueur de mort, plutôt sombrés
qu'emportés vers ces derniers cygnes fiers...

— Je ne crois pas décidément que nous ferons
    encore ce voyage,
ni que nous échapperons au merlin sombre
une fois que les ailes du regard ne battront
    plus.

Des passants. On ne nous reverra pas sur ces
    routes,
pas plus que nous n'avons revu nos morts
ou seulement leur ombre...
                          Leur corps est cendre,
cendre leur ombre et leur souvenir ; la cendre
    même,
un vent sans nom et sans visage la disperse
et ce vent même, quoi l'efface ?

Néanmoins,
en passant, nous aurons encore entendu
ces cris d'oiseaux sous les nuages
dans le silence d'un midi d'octobre vide,
ces cris épars, à la fois près et comme très loin
(ils sont rares, parce que le froid
s'avance telle une ombre derrière la charrue des
    pluies),
ils mesurent l'espace…
                Et moi qui passe au-dessous d'eux,
il me semble qu'ils ont parlé, non pas ques-
    tionné, appelé,
mais répondu. Sous les nuages bas d'octobre.
Et déjà c'est un autre jour, je suis ailleurs,
déjà ils disent autre chose ou ils se taisent,
je passe, je m'étonne, et je ne peux en dire plus.

À Henry Purcell

Écoute : comment se peut-il
que notre voix troublée se mêle ainsi
aux étoiles ?

Il lui a fait gravir le ciel
sur des degrés de verre
par la grâce juvénile de son art.

Il nous a fait entendre le passage des brebis
qui se pressent dans la poussière de l'été céleste
et dont nous n'avons jamais bu le lait.

Il les a rassemblées dans la bergerie nocturne
où de la paille brille entre les pierres.
La barrière sonore est refermée :
fraîcheur de ces paisibles herbes à jamais.

Ne croyez pas qu'il touche un instrument
de cyprès et d'ivoire comme il semble :
ce qu'il tient dans les mains
est cette Lyre
à laquelle Véga sert de clef bleue.

À sa clarté,
nous ne faisons plus d'ombre.

Songe à ce que serait pour ton ouïe,
toi qui es à l'écoute de la nuit,
une très lente neige
de cristal.

On imagine une comète
qui reviendrait après des siècles
du royaume des morts
et, cette nuit, traverserait le nôtre
en y semant les mêmes graines…

Nul doute, cette fois les voyageurs
ont passé la dernière porte :

ils voient le Cygne scintiller
au-dessous d'eux.

Pendant que je t'écoute,
le reflet d'une bougie
tremble dans le miroir
comme une flamme tressée
à de l'eau.

Cette voix aussi, n'est-elle pas l'écho
d'une autre, plus réelle ?
Va-t-il l'entendre, celui qui se débat
entre les mains toujours trop lentes
du bourreau ?
L'entendrai-je, moi ?

Si jamais ils parlent au-dessus de nous
entre les arbres constellés de leur avril.

Tu es assis
devant le métier haut dressé de cette harpe.

Même invisible, je t'ai reconnu,
tisserand des ruisseaux surnaturels.

NOTES DE CARNET

(La Semaison)

III

Brûler, en esprit, tous ces livres, tous ces mots — toutes ces innombrables, subtiles, profondes, mortelles pensées. Pour s'ouvrir à la pluie qui tombe, traversée de moucherons, d'insectes, à ce pays gris et vert ; aux espèces diverses d'arbres, de vert ; à un craquement dans les pierres du mur ou le bois de la porte.

*

Bourdonnement des mouches. Cloche aux coups espacés pour les morts. Dans le ciel vaguement blanc de l'été. Prions pour notre sœur Marie-Louise Boudon.

*

Quiconque monte sur une colline pour avoir des pensées plus pures est menacé de n'y trouver à la longue que le vide, et peut-être même, excédé à la fin, de se retourner contre la pureté. Autant s'égarer alors dans des lieux plus bas.

*

Genou dénudé par le sommeil, brouillard, cris de chouettes, comme égarées.

*

Rêve. Dans le Transsibérien, en traversant de nuit des plaines interminables, grises, brumeuses, et en pensant à ce que signifie la Sibérie (mot pareil à un coup de fouet, à une rafale de vent glacé, à cause de ce qu'on en sait), en pensant aux camps, à Mandelstam, avec une jeune femme inconnue qui m'accompagnera jusqu'en Chine. Je l'entends qui pleure doucement. Elle dit qu'elle ne sait pas pourquoi. Elle proteste quand je lui demande si ce n'est pas à cause de moi, qui suis trop vieux pour elle, qui ai fait d'elle une espèce de prisonnière ; elle semble sincère. Alors, comme la voilà debout contre la vitre, j'ouvre sa chemise comme si je voulais montrer à la lune dont la lumière diffuse éclaire un paysage de forêts et de neige la beauté de sa gorge et de son visage ; et je lui demande d'un ton pressant pourquoi pareille beauté lui a été donnée, existe, m'est donnée à moi aussi, pourquoi ? Son visage s'éclaire peu à peu. Aucune réponse pourtant n'a été trouvée par nous.

*

Ceux que le soleil ne parvient pas à réchauffer, qui marchent dans l'été comme une frêle brassée d'os.

Une cage d'os, branlante, où il n'y a presque plus de feu.

Le feu soufflé dans la lanterne d'os.

*

Les *Régentes* de Hals. Une femme vieille qui n'a plus à regarder que la mort, et qui tremble, qui est comme un fagot de bois sec — et que presque rien ne rejoint.

Le baume des arbres, du ciel, des couleurs, qui ne guérit pas, ou qui ne guérit plus, ne suffit plus.

L'inconnu à venir qui semble n'être plus que noirceur croissante.

Ne plus savoir comment cela va s'écrire, être dit, avoir la presque certitude que cela ne pourra pas l'être parce qu'on ne construit pas avec des débris.

Le Christ, la Passion.

Des mots qui seraient portés, qui ne seraient plus portés que par la pitié, l'étonnement, la peur.

Dans le miroir, le visage des ancêtres, dans la main la plume des ancêtres. De la mère, du père.

La voix que l'air ne porte plus; le noir du ciel.

Quelqu'un qui s'éloigne sans aller nulle part.

Plus aucun savoir qui suffise. Tous ont l'air de parler sans peine, et tranchent; moi, j'ai presque « perdu la parole en pays étranger », dans mon propre pays, dans moi-même. Il n'y a presque plus un mot qui ne se soit vidé de sa substance, qui n'échappe à l'usage, ou alors ils n'ont pas de lien entre eux. Je voudrais écrire selon le cours des paroles les plus simples, et je ne le peux pas. Qu'est-ce qui est arrivé à l'homme? Atteint par une flèche invisible, sans nom.

Mots comme des gousses vides, creuses.
Je prends en horreur toute parole que j'ai dite, encore pleine d'illusion et de mensonge. (Bâtisseurs sur cette poussière. Bâtisseurs de maisons en poussière. Bâtisseurs de poussière.)
Je devrais prendre les paroles dans le corps, seulement dans la douleur, ou la peur, bousculées, comme des pierres dans la montagne.

C'est quand le temps commence à creuser dans les visages, à embrumer, troubler, égarer le regard. La terre monte le long de nous comme l'eau au flanc des barques.

L'air ne porte plus, ne ravit plus les paysages. Les vignes, les vergers sont comme du feu dans les terres que le regard n'atteint plus. Le regard n'a plus de racines.

La lumière céleste ne suffit plus, ou n'est pas à déchiffrer.

Quand le chat-huant appelle à travers la nuit, il n'appelle rien ni personne. Je recommence à l'entendre comme quand j'étais couché auprès de cette femme presque oubliée, mais je ne le suivrais plus en imagination dans les forêts ; tout au plus pourrais-je crier comme lui, à force de ne plus savoir que faire qui me détourne de la nuit. Pouvoir crier comme lui !

Pourtant je n'ai pas perdu tout désir de chercher, de marcher encore.

*

Rêve. À Rome. Promenade lente avec une femme totalement inconnue. Quand je lui mets la main sur l'épaule, elle ne s'écarte pas. Le bonheur de ces premiers consentements, le plus grand bonheur. Nous allons boire du vin blanc, celui que j'aimais tant autrefois, dans une trattoria. Sollicitude : a-t-elle froid, etc. Ce simple instant dans la rue, parmi la foule.

*

Chats-huants qui se répondent, à plusieurs, presque toutes les nuits. C'est l'oiseau, que j'ai pris, ou voulu prendre pour l'effraie, voilà près de vingt-cinq ans, à Sèvres. C'est peu dire que je ne l'entends plus de la même oreille. Malgré la pensée de la mort qui était dans le poème, celui-ci s'ouvrait à tout l'espace de l'avenir. Maintenant, la vérité probable est qu'il n'y a plus de place pour aucun poème parce que l'illusion (?) du lien entre les mondes est détruite, parce qu'il n'y a plus d'attente de rien que de la déchéance. Et pourtant… il reste ce « pourtant » qui n'a pas plus de force qu'un regard. Il reste l'ignorance croissante.

Et la beauté d'un matin d'hiver. À travers la vitre froide du cœur.

*

Faire son ballot d'images, l'inventaire de son maigre bien ? Une histoire de fantômes, tout nous le clame, à grand renfort de preuves sanglantes, bientôt effacées, et néanmoins on doute encore qu'il faille tout réduire à cela.

Ce qui se peut écrire seulement, non pas dire…

(Qui a écrit : *Je te donne ces vers afin que si mon nom/Aborde heureusement aux époques lointaines…* ? Cela sonne comme Du Bellay, ou un écho moderne de Du Bellay. Baudelaire ? Je ne sais pourquoi ces vers me passent par la tête en ce moment.)

Reçois ces images, reçois ces ombres, reçois ces fumées ou ce rien.

Tu regardes avec effroi tes mains changer,

tu es pris de vertige parce que bientôt manquera la grâce, ou la force,

recueille donc...

Tandis que les pies couleur de damier volent de sapin en sapin sous la pluie légère, soulevée par le vent,

montre aux amis ces traces de fantômes...

La ville pour l'enfant effrayé a son plan inscrit dans le cœur.

L'école est tenue par un coq rouge et méchant,

la sellerie sent fort, la pivoine est mouillée,

sous la lampe de perles vertes éclairant le damier ciré

une main tourne les pages du livre,

Siegfried entre dans Worms sur un haut pont-levis

— son cheval est plus blanc que neige —,

une voix oubliée, à travers l'écriture gothique, déchiffre sa sauvage histoire,

bientôt il va tomber avec la lance dans le dos près de la source, parmi les fleurs.

Ce n'est pas ce qu'on croit, on ne vit pas une histoire suivie et cohérente

entre des visages familiers...

Comme les gens sont loin, et ont-ils même un visage ? L'a-t-on oublié, jamais vu, ou l'a-t-on caché ?

En tout cas, il n'en reste rien d'entier dans la mémoire.

Où étaient-ils ? Ou étions-nous ?

Plus proches quelquefois les fleurs, la haie de buis, un vieil objet changé en talisman.

Plus proches certains lieux, un mur couvert d'arbres en espalier, un petit temple rond dans un jardin,

et au sortir des sombres rues,

l'Arsenal aveugle derrière ses grilles,

les scieries sous leurs hangars, et leur poussière dorée entre gare et cimetière,

ou le grand mur de la prison surplombant la rivière, avec ses petites fenêtres sombres à barreaux.

La Broye n'arrêtait pas de couler dans le brouillard,

le dimanche les fusils claquaient répercutés par les falaises verdâtres.

Un couple vieillissait dans l'attente d'une lettre d'Amérique.

Quatre sœurs se fanaient dans la maison trop fermée,

l'une erre en camisole rose dans l'escalier voûté,

l'autre est mise à l'asile où elle peint des bouquets,

l'aînée a les joues rouges à force de rester
debout près des fourneaux, vêtue de noir,

et Sophie va-t-elle pas se noyer d'un chagrin
d'amour ?

Mais le père glousse de rire en secouant son
corps obèse.

À l'heure du goûter, on sort de vieux biscuits
d'une armoire peinte en rouge à l'intérieur.

Que fais-tu là ? Tu n'es ni gai ni triste, tu
t'étonnes peut-être

et manges plus d'images que de pain…

*

Le peu de souvenirs qui me reste de chaque
époque de ma vie, et leur vague, me remplit
d'étonnement. Ainsi de cette chambre d'hôtel
de la rue d'Odessa — la faible ampoule et le
miroir au plafond, le fracas des trains — mais
quoi d'autre ? On aura vécu comme en rêve.

*

Rêve. À mi-hauteur d'un très grand escalier de
pierre, dans une ville vieille, je rencontre Mlle R.
en manteau et chapeau bleus d'une élégance
bourgeoise conforme à ses goûts de son vivant,
et tout à fait elle-même. Je commente cette résur-
rection avec une de ses amies d'alors, dans une
totale stupeur. Puis à Mlle R. s'est substituée ma
mère, qui vit encore pourtant ; elle aussi à mes

343

yeux est ressuscitée, et je l'interroge inlassablement. Je me souviens seulement que, lui ayant demandé comment elle avait « vécu » entre-temps, je l'ai entendue me répondre : « en mendiant ». Je l'emmène à la maison (qui n'est pas « la maison », mais un appartement inconnu) ; on va chercher mon père, qui craint qu'elle ne lui sourie même pas. Dans tout ce rêve, dont j'ai oublié les détails, régnaient une stupeur et une espèce de joie déchirantes. Ma mère, presque toujours allongée, dort au milieu de la chambre.

*

Mantoue... Au milieu du jour, par temps gris. On voit d'abord ces espèces de lacs que forme le Mincio sur deux côtés de la ville ; flottent là quelques barques (comme il y en a en arrière-plan de *La Mort de la Vierge* de Mantegna) noires, immobiles, vides — ou occupées par un pêcheur droit, noir, également immobile ; dans cette brume grise où baigne toute la ville, à cette heure-ci presque déserte et silencieuse. Chaque fois que l'on débouche sur une de ces places italiennes si peu altérées par le temps, on est touché, exalté comme si une beauté très lointaine vous était enfin rendue, on éprouve un émerveillement qui tourne vite à la mélancolie ; et plus encore ici, à cause du souvenir de Virgile, à cause de ces lacs incertains, de ce palais trop vaste et trop vide où l'humidité ronge les murs, use les colonnes, efface les fresques et glace les pas des visiteurs. Virgile… Justement, je vais relire sur une haute plaque de marbre apposée à la façade d'un palais les vers de Dante, au chant VI du *Purgatoire*, qui peignent la rencontre miraculeuse de Virgile et de Sordel :

> *Mais vois là une âme qui, se tenant*
> *Seule seulette, regarde vers nous :*
> *Elle nous dira le chemin le plus court…*

Ce langage seul est digne de ces hautes et sévères demeures, comme des peintures où Mantegna a accordé l'histoire des Gonzague aux arbres, aux chevaux, aux monuments et au ciel, en trouvant même, au-dessus de leur destin qui paraît d'ailleurs ici plus lourd que joyeux, la place du rêve que suscite toute trouée vers le lointain.

*

Le poème de Mandelstam, de 1921, qui commence par le vers : *Je me suis lavé, de nuit, dans la cour* (ou simplement « dehors »), représente à mes yeux un modèle de poésie à opposer à presque toute celle qui s'écrit aujourd'hui (et malheureusement à mes propres essais, si irrémédiablement éloignés de ce que je voudrais et que j'admire, précisément, en un tel poème). Réconciliant le proche et le lointain à partir des choses les plus simples, rude sans être crispé, douloureux mais sobre. D'ailleurs, aucun poète depuis des années ne m'a donné le sentiment de la « grande » poésie comme Mandelstam, même à travers des traductions que l'on devine de valeur très inégale.

*

Quintette de Mozart, K. 516. — Quelque chose qui a l'air de monter du fond de la terre, de sourdre d'au-delà de la terre, comme une lumière ressuscitée, comme Lazare, une blancheur qui gagne, par vagues, ou par vols d'ailes pâles : pouvoir encore entendre et voir cela — dans une tranquillité surnaturelle et pourtant simple. Et à sa rencontre descendent d'au-delà du ciel d'autres vols, plus blancs encore. Comme la rencontre ailée de l'amour.

*

La difficulté n'est pas d'écrire, mais de vivre de telle manière que l'écrit naisse naturellement. C'est cela qui est presque impossible aujourd'hui ; mais je ne puis imaginer d'autre voie. Poésie comme épanouissement, floraison, ou rien. Tout l'art du monde ne saurait dissimuler ce rien.

De surcroît : l'épanouissement d'une œuvre, son rayonnement au dehors, s'il arrivait qu'ils pèsent sur vos proches, qu'ils créent, de quelque façon que ce soit, du malheur : quelle dénaturation de ce que l'on a cru vouloir.

*

La nuit (l'«autre nuit»), souvent difficile à traverser, même sur un court trajet, comme si vraiment notre lumière intérieure, faiblissante, exposée à trop de souffles contraires et violents, avait de plus en plus besoin de celle du jour, du dehors — plus magique que jamais en ces journées d'avant-printemps.

La nuit qui vous ramène néanmoins vers un certain centre (douloureux), qui contient sa part de vérité, que l'on serait souvent tenté de croire seule véridique. Là-dedans, les tout premiers cris, pépiements d'oiseaux, avant le jour (il m'a semblé en entendre déjà vers cinq heures), comme s'ils creusaient des trous dans l'obscurité, s'ils l'ajouraient, déchiraient à petits coups un tissu. Outils du prisonnier, petits outils clandestins, limes, ciseaux — et le mur noir laisse s'ébouler quelques pierres, tomber un peu de sa suie. Chaque matin ils recommencent, d'abord timides et rares, puis de plus en plus nombreux, acharnés, jusqu'au triomphe. Cela peut évoquer aussi une émeute, une mutinerie.

Mais aussi, leurs premiers cris, des gouttes d'eau, des ruissellements intermittents — l'annonce de la fonte des neiges, c'est-à-dire les premiers signes d'une tiédeur, d'une renaissance, de l'heureuse débâcle. (Et à ce mot me reviennent à l'esprit des souvenirs de romans russes où la débâcle joue un grand rôle, liée à la nuit de Pâques. Il faudrait retrouver les passages que j'ai gardés vaguement en mémoire : l'un est dans une nouvelle de Tchekhov qui s'intitule justement *La Nuit de Pâques*, l'autre, me semble-t-il, chez Tolstoï, mais dans quel roman ? Quoi qu'il en soit, il devait y avoir là un lien merveilleux entre ce bruit, cette rumeur de l'eau enfin délivrée, et les cierges éclairant la veillée de Pâques, jusqu'au baiser, à l'aube, et au salut : « Christ est ressuscité ! » — « *Ad matutinum, au Christus venit…* », comme on le lit dans la *Saison en enfer*. L'émotion du petit jour tout naturellement liée à l'espoir absurde de la résurrection.)

Enfin, ce chant matinal des oiseaux fait penser, peut-être un peu moins précisément, à des lumières qui s'allumeraient, d'abord éparses, puis de plus en plus nombreuses, aux premières étincelles d'un feu qui bientôt va prendre. Encore que là, à cause de la couleur rouge, on s'éloigne ; car tout ce qui se passe alors, avant le jour, est sans couleur, ne peut être que noir, ou blanc, ou gris. Lueurs des outils, des lames, brillant de l'eau, passages de brumes, ou quelquefois elle enveloppe tout le paysage, elle flotte autour de la maison et ne sera dissipée qu'avec la force du soleil.

*

Le cri qui pourrait être entendu dans l'abondance verte des feuillages, radicalement différent des voix de la nature — littéralement déchirant, brisant l'ordre apparent du monde, sa belle lumière claire. La détresse. L'avilissement dont on ne voit aucun exemple chez les bêtes. *Les tigres sont plus beaux à voir* : on voudrait que le monde vous rappelât moins souvent ce titre de Jean Rhys.

*

Un rêve me ramène dans la vieille maison de Moudon (quittée voilà quarante-quatre ans) : de très hautes fenêtres, une cheminée et soudain la neige ; des plaques de glace fondent sur la tablette de bois de la cheminée, et l'émotion de dire, ou d'entendre dire : « Voici la neige… »

*

Musique qui « rassemblerait les os », les rebâtirait, les ressouderait, brisés. (En écoutant deux violons jouant Haydn dehors dans la nuit, sous les étoiles filantes, et en pensant à cette vieille tante H. détruite, cassée, plus assez forte pour se réparer.)

*

Les poèmes — telles de petites lanternes où brûle encore le reflet d'une autre lumière.

Peut-être ne voit-on le rose du soir sur les murs qu'au plus froid de l'hiver ?

*

Concerto de Mozart pour piano, K. 488. L'adagio m'apparaît de l'ordre du stellaire, comparable seulement à ces jours et surtout à ces nuits d'à présent, immobiles, silencieux, décantés — comme portés à la plus haute altitude.

Ou une eau qui ferait s'ouvrir les rochers.

*

C'est à peine le matin, à peine de la lumière sur la table de la cuisine, à peine un délitement de l'aube et du froid nocturne — de même qu'on est encore à peine redoué de vie ; il y a une joie profondément cachée dans cette aube pauvre, dans ce commencement de jour qui est plutôt un reflet de la neige, un retrait lent et silencieux de l'obscurité. Le pain du jour. On est donc né encore une fois ? On touche terre encore une fois ?

*

Ce matin, malgré la chaleur, un tout premier avant-signe d'automne, ce peu de brume lointaine dans les replis des collines et les champs. La fauvette sonore est encore là, entre acacia et tilleul. Orphée dans le jardin d'été. On dirait bien, d'elle aussi, qu'elle passe sans peine d'un royaume à l'autre ; aurai-je jamais pu la suivre ?

*

Églantier ouvert sur ton arc
guirlande (celle dont Pétrarque aurait pu orner
    Laure)
pure guirlande accrochée çà et là dans les
    champs
pour la beauté absente ou détruite
sans aucun poids — ouverte et pure
fleur enfantine
couronne pour celle qui s'en est allée de notre
    monde
qui ne se tient plus assise aujourd'hui dans les
    herbes
blanche ou rose
native

ou arche sous laquelle passer en se baissant un
    peu
sauvage et pauvre n'importe où
porte entrouverte...

                        *

Lumière de neige dans les chambres. Je pense
aux vers de Leopardi dans les *Ricordanze* :

> « *In queste sale antiche,*
> *Al chiaror delle nevi...* »

Nous vivons peut-être dans un désert, dans de
la nuit qui n'aurait pas la beauté de la nuit. Un
mouvement de dégradation qui semble général

nous use à notre tour. Quand quelqu'un dit :
« Dieu est mort », cela ne sonne pas du tout
comme un cri de joie. Chose étrange cependant :
j'entends ces quelques mots d'italien à propos
de la neige (et d'autres jours c'en seront d'autres)
comme une sonorité d'argent — à peu près
comme il me semble qu'un fidèle doit entendre
la clochette de l'Élévation. Presque exactement
comme cela. À ce point de rencontre, encore
une fois : l'autre monde. Le nôtre ?

*

Ces portes qui semblent s'ouvrir, les images,
etc.

Comme une main qui se pose sur l'épaule
et donne une légère poussée au timoré,
la lumière de la neige à la crête,
à peine…

Après quelques « rencontres » de ce genre et
un semblant de réflexion (insuffisante certes, et
qu'est-ce qui me retenait ?), après déjà beaucoup
d'années,
n'avoir pu constater qu'une chose, toujours la
même :
« comme si une porte s'ouvrait… »
Ainsi de l'églantier, chaque fois que je l'ai
revu, qu'il m'a surpris. Ses branches dessinaient
une arche sous laquelle on était tenté de passer,
comme pour accéder à un autre espace, tout en

sachant bien que, dans un sens, ce n'était pas « vrai ».

Ainsi, ou un peu différemment, le vol de l'engoulevent entre jour et nuit, entre terre et ciel, tâtonnant, semblait avoir lieu en avant d'autre chose, comme une annonce, chaque fois démentie par les coups du temps.

Ainsi l'invisible ruisseau sous les buissons abondants, hérissés, impénétrables — sa voix éternelle, insaisie, venue elle aussi comme d'un ailleurs dans l'ici,

et toute poésie de cet ordre, toute musique, toute peinture,

convergeant vers le dérobé et le sans nom.

*

Cette phrase de la *Conférence des oiseaux* vue à Paris dans l'émouvante réalisation de Peter Brook (les oiseaux sont arrivés dans la vallée du Néant, mais un astrologue leur rend un peu de courage pour aller au-delà) : « *Quand même les deux mondes seraient tout à coup anéantis, il ne faudrait pas nier l'existence d'un seul grain de sable de la terre. S'il ne restait aucune trace, ni d'hommes, ni de génies, fais attention au secret de la goutte de pluie.* » Cela pourrait servir d'épigraphe à tout livre de poèmes que l'on oserait encore écrire, et publier, aujourd'hui.

*

Il y a une analogie entre mon lointain refus du surréalisme et celui de la mystique. L'emportait le désir d'éclairer une voie médiane ; il se peut que ç'ait été un rêve trop paresseux.

Il m'arrive maintenant de réentendre avec plus de force, ou de nostalgie, les visionnaires pour qui la lumière est éblouissement indubitable et non pas presque un leurre. Sur la voie d'en bas, le risque est de perdre toute clarté. Au fond, peut-être est-elle encore plus difficile ?

Si l'on n'a plus pour tout guide que l'infime reflet d'une rose à l'ourlet déchiré d'une aile d'ange, en quoi cela aide-t-il ? Quand il faudrait l'embrasement pour franchir le mur. Ou tout cela n'est-il encore une fois que des mots dont on s'enchante, et si peu puissants sur la réalité quotidienne ?

Trop loin des êtres ? comme un fuyard se cachant dans la lumière, dans l'aurore.

Comme un fuyard caché dans la lumière du matin…

*

Le bruit de l'eau dans les jardins du Foulon, d'endroit en endroit, léger et clair, comme froid, sous la demi-lune.

*

Marcher dans les chemins presque effacés, qui vont se perdre ; par endroits, c'est comme si l'on marchait sur des braises qui ne brûleraient pas. Avec, pour toute compagnie, dans les endroits encore ensoleillés, des papillons.

Marcher. Les chemins parlent, ou peu s'en faut, en se perdant.

*

Le soleil du matin sur les pierres, le bois usé par le temps, une douceur difficilement exprimable — d'autant que l'air est presque immobile, le mouvement des feuillages silencieux — comme d'un enfant qui bouge la main en rêve. Les fleurs du laurier-rose toujours fleuries, depuis des semaines — si mystérieuses pour peu qu'on y pense. Pourquoi a-t-il fallu qu'il y ait des fleurs — des couleurs ? Leur rose — sans pareil : une fraîcheur. Ou comme quand les enfants portent des lanternes éclairées, pour des fêtes. Lanternes en plein jour. Mais aussi, efflorescences de la terre, métamorphose, la monnaie, la petite monnaie des graines. La force qu'elles recèlent, qui fait qu'elles se brisent, laissent pousser hors d'elles une tige fragile, etc.

La graine de l'âme ? Nous dans le corps maternel.

Fleurs pour passer le fleuve des enfers, graines ou oboles.

L'esprit voudrait s'en servir comme de lanterne celui qui conduit une barque sur des rivières, la nuit.

« Vous êtes embarqués... »

Comme celui qui allume une lanterne à l'avant de sa barque s'il s'aventure la nuit dans les passes entre les roseaux,

prends cette fleur pour t'éclairer dans la traversée du jour...

Même le jour, même la plus vive lumière, même le très doux septembre ne sont pas faciles à traverser...

*

Le fait que l'on ne peut dire n'importe quoi est chose à mes yeux très mystérieuse et très réconfortante.

*

À la fin de la nuit : le coup d'épaule puissant d'Orion sur l'horizon froid, le coup d'épaule de l'hiver qui se force un passage par-dessus la montagne — comme d'autres fois on peut voir monter lentement d'énormes masses de nuages blancs — telles des tours. Les trois géants de l'Enfer.

Cette marche implacable et lente — mais ce n'est que d'une figure irréelle et de quelques repères cristallins.

*

Ne plus écouter que les conseils des fleurs, antérieurs à tout savoir...

IV

1984-1989

NOTES DE CARNET

(La Semaison)
IV

*

Au coucher du soleil, en même temps qu'on sent le froid dans le jardin, apparaît au-dessus de l'horizon une lune extrêmement fine, aiguë, comme une lame froide, un croc, mais c'est mal dire, car sa blessure, sa piqûre dans le cœur, loin d'être douloureuse, émerveille. Plus tard, elle se montre plus dorée au-dessus d'un ciel plus rouge.

Peut-être un diamant, une boucle scintillant à l'oreille rose de tendresse ou de désir d'une femme entraperçue lors d'une fête ferait-elle sur le cœur le même effet, aussi aigu, c'est-à-dire tout de même douloureux. Mais je ne serais pas surpris qu'il s'agît d'un signe, d'un hiéroglyphe emprunté à une langue encore plus lointaine, donc de l'action silencieuse, soudaine, ultra-brève, d'une clef de cristal ou de glace ; ou de la chute d'une goutte capable de désaltérer un damné ou un mourant.

Comme si l'on vous parlait tout à coup d'un glacier suspendu au rocher nocturne.

*

La montagne de Miélandre sous la neige, absolument sans tache : un monument à la mémoire du cygne ? Ce n'est pas un monument ; c'est un manteau (peu importe qu'on l'ait dit cent fois), un manteau de plumes, ou c'est une aile. C'est comme si le regard, en passant, malgré son usure, se couvrait d'une aile et retrouvait ainsi l'enfance. Peut-être est-ce cela. Maintenant que j'y reviens à distance, à plus d'un an de distance, retrouvant dans la mémoire cette clarté blanche sous un ciel plus sombre, je me dis que c'était encore autre chose, très loin : un émoussement du tranchant de la montagne, une atténuation de la terre, une ablution peut-être ? L'agneau que le berger porte sur les épaules comme notre compagnon de route porte sa chienne aux pattes rougies par le verglas, celui que l'on a peint sur les bannières bleues des processions depuis longtemps impossibles ou privées de sens ?

*

Hier soir, de nouveau : le bleu intense et froid du ciel au-dessus de la neige qui couronne la montagne de la Lance, et plus bas les couleurs très sombres, comme concentrées, des champs, des jardins, des chemins. Il y a là un lien avec l'eau et avec la lune, avec la lune surtout. Mais encore ? La neige éclairée de l'intérieur, une clarté muette, immobile, et la profondeur des bleus, au-dessus et au-dessous d'elle. Le cygne. De nouveau, la même émotion, répétée sans la moindre usure, comme une parole qui ne lasserait jamais parce qu'on n'en épuise jamais le sens et qu'elle semble l'une des plus importantes qui vous aient été soufflées à l'oreille, au cœur.

*

J'ai revu la montagne comme une cape aux épaules de neige que je vêtirais volontiers aujourd'hui, comme si j'entrais dans son ordre. Celui d'une plus grande sérénité. Cette chose lourde, opaque, massive, dure, on dirait qu'elle ne pèse plus rien, pas plus qu'une plume de harfang, qu'elle ne peut plus blesser ni écraser, qu'elle n'est que du ciel à peine épaissi. Une fois de plus l'image de ce que l'on rêve, comme l'ostension (le mot n'existe pas, tant pis) d'une hostie. Puisse la mort n'être pas plus dense qu'elle, ou que son apparence aujourd'hui. J'ai lu cela aujourd'hui dans le livre grand ouvert du ciel ; j'ai écouté la lecture de l'épître d'aujourd'hui. Ce n'était qu'un état de l'eau rendu visible dans l'air, dans le bleu, de l'eau rendue moelleuse, laineuse, adoucie ; comme, aussi, du silence. C'était plutôt quelque chose entre les mots inscrits au livre du ciel, du silence rendu sensible avec son extrême douceur. Un agneau ? (J'y reviens…) Peut-être que c'était vraiment comme l'agneau sur les bannières bleues des anciennes processions ? Le presque imperceptible bêlement des neiges.

*

La grâce, la clarté juvénile. C'est comme si l'on rouvrait les pages de la *Vita Nuova*, tout à coup : « *A ciascun alma presa e gentil core* », ou relisait le sonnet des *Rime* à Guido Cavalcanti : « *Guido, i vorrei che tu e Lapo ed io* », tout en sachant que l'on ne pourra pas remonter dans cette barque, sinon comme une ombre mêlée, invisiblement, aux rires, aux chansons, aux plaisirs qu'elle berce sur des eaux scintillantes. Pétrarque n'est pas loin non plus. On croit se rapprocher du règne des fées. Elles ont dans la main une branche feuillue dont l'effleurement vous transforme, dans leur regard une eau dont on s'imagine qu'elle peut guérir, ou un vin qui communique une ébriété fraîche.

Les cerisiers ne sont presque plus que des panaches de neige. Les abeilles ne tarderont pas à se le dire, elles-mêmes rapides et nombreuses. Il y a dans l'air comme le bourdonnement doré d'un immense essaim.

Le chant de Monteverdi aussi s'accorde à ces constellations fraîches ou brûlantes.

*

Les cerisiers m'éclairent plus loin que les pensées. Ce sont eux les scribes de mes lamelles orphiques. Il y a une trace dans la terre creusée profond par un doigt musicien.

*

L'esprit du madrigal, mot qu'en rêvant j'associe à la « *madrugada* », à l'aube espagnole : le moment où la nuit finissante, la pointe, la crête de la nuit s'enflamme, l'heure de la couleur rose sous la peau du ciel.

*

Ce sont trois dames en un même jardin
pour qui fume comme un encens
la dernière lumière du soleil
au point qu'on ne voit presque plus dans cette
    gloire que leurs robes

*

En plein midi, soudain, deux martinets très hauts dans le ciel à côté d'un nuage en forme de tour blanche, légère — comme je ne sais quelle apparition foudroyante, énigmatique, ou quelle mesure de la hauteur de l'air, quelle révélation de l'espace aérien, quelle flèche de fer dans le cœur. Une joie bizarre, d'à peine une seconde

— et en me relisant, je me rappelle le gerfaut des *Solitudes*, « *scandale bizarre de l'air* » —, une lettre tracée sur le bleu puis effacée, un trait — ou le crochet d'un hameçon ? Sait-on qui a pu vous ferrer ainsi ?

*

Mörike : *Le Voyage de Mozart à Prague,* une nouvelle d'une grâce transparente digne de son objet. La cueillette, par pure distraction, d'une orange dans un parc aristocratique, outre qu'elle permet aux époux Mozart une agréable halte au château, reporte le compositeur au souvenir d'un spectacle nautique vu à Naples dans son enfance, une sorte de pantomime où des oranges, justement, étaient lancées gracieusement d'une barque à l'autre, l'une occupée par cinq belles et cinq jeunes gens en rouge, l'autre par des jouvenceaux en vert, dans un jeu léger à la gloire d'Éros ; lisant cela, quant à moi, j'ai pensé à l'évocation des deux barques « musicales » de la *Seconde solitude* dont j'étais en train de revoir la traduction. Et il m'a semblé qu'un lien inattendu liait entre elles, et avec celle, rieuse, du poème de Dante à Guido Cavalcanti, toutes ces barques, toutes ces fêtes, dans la lumière de l'été même où je baignais, dans la transfiguration de la poésie.

*

Celui qui écrit aura fait comme s'il remplissait une coupe avec toute la lumière de l'été, tout ce qu'il y a eu dans l'été, puis, il l'aura soulevée pour la faire briller dans sa main — avec tout ce qu'il y a dedans — qu'il faudra avoir dit avant que le gel ne gagne ses doigts.

Car déjà se replie l'éventail du jour.

*

Fauvette
dernier oiseau parleur en plein été
de quoi me parles-tu ainsi de loin en loin
dans le feuillage du tilleul ?
De quoi peut donc parler voix si limpide ?

Seul un regard peut ressembler à cette eau

*

Auréolée d'abeilles tendres, sans leur dard,
ou d'une clarté d'aube dans les bois

*

« *La lune de nouveau parle à la neige...* » Mais on voudrait toujours que ces lueurs prennent corps, que ces paroles deviennent palpables.

Piqûre, diamant : mes signes de ce dernier hiver, avec dans mon dos de la neige sur la cime, dans le bleu ténébreux et tendre des montagnes.

Armes, bijoux, épingles, pour l'ombre qu'on voit
s'enfuir en fin de nuit, que l'on ne peut retenir,
qui ne se retournera pas sur vous. Croissant de
lune ou parure pour la peau nue, dénudée par
la nuit ; mais qui est aussi une espèce d'appel
presque muet, de soupir échappé à une bouche
trop lointaine.

*

Il arrive que l'on croie marcher dans un espace
autre, inconnu, qui serait pourtant la terre
natale.

*

Music for a while, de Purcell, chanté par Alfred
Deller.

« *La musique, un instant...* », dans le centre
nocturne de l'été, en un lieu dont on peut se
souvenir, une nuit qu'on pourrait dater, un
instant... Mais était-ce encore quelque chose que
l'on puisse aussi simplement nommer, un moment
qui puisse être dit moment ? Toute musique
accomplie n'est-elle pas une autre espèce de temps
insinuée à l'intérieur du temps dénombrable,
ou une transformation de celui-ci en une mesure
plus haute, plus parfaite, donc l'indication d'un
accomplissement possible,

d'où notre émotion à son écoute ?

La voix était comme un oiseau venu d'ailleurs,
montant et descendant, virevoltant dans l'air
natal.
La voix était tendresse, crainte, solitude,
elle désaltérait sans vous priver de votre soif…

*

Nuit. Les rossignols, ou ruisseaux amoureux.

*

Beauté chaude d'une fin d'été endeuillée.

Mon père est mort le 3, presque par distraction, une distraction favorisée par une extrême lassitude. Le 7 septembre, au milieu de ces campagnes restées admirables depuis l'époque lointaine où il les parcourait encore à cheval, puis à moto, il y avait comme une chape de glace autour de la chapelle de Curtilles où les airs du hautbois et les grandes fleurs venues d'un jardin campagnard semblaient s'allier comme autant de pampres autour d'un vide pareil à une colonne triste.

*

Quand on se dessèche, est-ce qu'on atteint l'os même du mystère que nous sommes? Il se peut aussi qu'on en aime de plus en plus la peau.

La musique, les yeux, le toucher des mains. La lumière de lait où baigne ce moment de l'année, comme si tout devenait troupeau couché dans les grandes prairies, comme si tout s'imprégnait de rosée et de brume, s'enveloppait de laine.

*

Der Tod und das Mädchen.
Visage encore intact dans la laine de la lumière, aussi lointain mais si limpide qu'y transparaît la lune d'après-midi,
    cache encore un instant ce mort hirsute, cette chose finie et, comme nous tous plus ou moins, mal aimante, mal aimée.

*

La lumière de la lune, non pas l'astre lui-même, aperçue soudain du fond de la grotte de Rochecourbière, entre les troncs des très grands chênes noirs, pareille à de la brume ; et quand on se lève et s'en approche, surpris, c'est toute la peupleraie qui se montre, argentée, à peine encore réelle.

Nous étions là parce que, sous l'auvent rocheux de la grotte, de jeunes Allemands de nos amis cherchaient la transe en battant de leurs mains, interminablement, sur des tambours d'Afrique. Ils tournaient le dos au vallon. Vaut-il la peine de poursuivre des visions incertaines, quelquefois au prix de sa vie, si c'est pour ne pas voir les merveilles qui sont à portée de la main, manquer la rencontre des fées véritables?

*

Relisant, en pensant à mon verger de cognassiers, la *Vita Nuova*, écrite par Dante à vingt-sept ans :

> *« Je vis Amour au milieu de la voie*
> *En vêtement léger de pèlerin... »*

Il y a là une beauté née de la limpidité qui préfigure Racine : «Le ciel n'est pas plus pur que le fond de mon cœur», mais avec quelque chose de plus, qui pourrait venir d'une raideur archaïque, ou de la juvénilité qui imprègne le récit.

À un moment donné, Dante note qu'en passant par un chemin qui longe « *un ruisseau très clair*», lui vient une violente « *volonté de dire*» ; et aussitôt après, comme d'eux-mêmes, lui sont donnés les premiers mots de la *canzone* «*Donne ch'avete intelletto d'Amore*» qu'il note « *avec une grande joie*». Comme si c'était le « *ruisseau très clair*» qui l'avait incité à parler, et que son parler lui-même imitât ce ruisseau, « *uno rivo molto chiaro*».

*

« *Jamais ne devriez, sinon par mort,*
Oublier votre dame qui est morte.
Ainsi parle mon cœur, et puis soupire. »

*

Sans cesse, dans ce récit, il est question de
gens qui passent, que l'on voit passer, que l'on
entend parler ; rien, peut-être, dans toute notre
poésie d'Occident, qui soit aussi proche de la
musique la plus décantée. Il fallait donc qu'ap-
parussent tôt ou tard des pèlerins, ces passants
par vocation. C'est au moment de la fête de
sainte Véronique (« *dans le temps que les foules vont*
contempler la sainte image que Jésus-Christ nous a
laissée de lui en mémoire de sa face admirable, que ma
Dame voit dans toute sa gloire ») : « *Ces pèlerins mar-*
chaient fort songeurs, me semblait-il, et je disais en
moi-même : "Ces pèlerins semblent venir de contrées
lointaines, et je ne pense pas qu'ils aient même entendu
parler de cette Dame, ils ne savent donc rien d'elle ; ils
pensent à d'autres choses qu'à celles d'ici ; peut-être se
souviennent-ils de leurs amis lointains que nous ne
connaissons pas." » On dirait que se croisent, comme
dans une fugue, les motifs de la distance, de la
peine, du passage. « *Puis je disais en moi-même : "Si*
je pouvais les retenir un peu, je les ferais pleurer aussi
avant qu'ils eussent quitté la ville" », et c'est pour
cela qu'il écrit alors le sonnet :

« *Ô pèlerins qui marchez l'air pensif,*
Songeant peut-être à quelque chose absente... »

*

Autres motifs de ce contrepoint de cristal : yeux et bouches, sourire et larmes, présence et absence.

*

Dante, *Le Paradis*.

Pour mémoire, simplement, entre tous ces passages qui vous portent très au-dessus de vous-même : c'est au chant XVIII, où Béatrice explique à Dante la hiérarchie des anges — que le poète aurait trouvée exposée dans des textes apocryphes du Ve siècle attribués à Denys l'Aréopagite. Les neuf ordres angéliques sont divisés en trois groupes de trois, que Dante nomme « *ternes* » ; et du deuxième, il écrit donc :

> « *Le second terne, qui bourgeonne ainsi*
> *à la faveur du printemps éternel*
> *que le Bélier nocturne ne dépouille,*
>
> *perpétuellement chante "Hosanna"… »*

Dans le monde d'en bas, le nôtre, les plantes bourgeonnent et se fanent selon le mouvement de la constellation du Bélier ; à la dent duquel, dans le printemps éternel du monde d'en haut, elles échappent. Ces vers prodigieux doivent nous amener à relire la deuxième *canzone* pour la « Dame de pierre », « *Io son venuto al punto de la rota* », où la même métaphore astronomique intervient :

> « *Leur terme ont dépassé les frondaisons*
> *qu'a fait surgir la force du Bélier*
> *pour en orner le monde, et morte est l'herbe;*
> *toute ramure verte à nous se cache*
> *sauf du laurier, du pin ou du sapin*
> *ou d'aucun bois qui sa verdure garde;*
> *et la saison est si dure et acerbe*
> *que les fleurs en sont mortes sur les pentes,*
> *qui ne sauraient supporter les gelées... »*

Plus concise, la métaphore du *Paradis* s'inscrit à des hauteurs où il m'est arrivé de regretter qu'un Ponge n'ait pas voulu, dirait-on, avoir accès. (Pourquoi Ponge ici ? À cause de ce long débat intérieur que j'ai eu avec lui, quand il voulait à tout prix hisser Malherbe au-dessus de Góngora et de Shakespeare et, précisément, omettait de parler de Dante ; sans doute parce qu'il n'aimait pas trop les cathédrales...)

*

L'incroyable verbiage qui fleurit et prolifère à propos d'œuvres d'art généralement indignes de ce nom : rien d'étonnant si des esprits jeunes et fragiles s'y perdent. Une certaine veulerie de l'esprit conduit à user du langage n'importe comment. Si, au même moment, on lit *Alexis et Dora* de Goethe ou même les fragments de Ludwig Hohl, le contraste est évidemment énorme, et donne à réfléchir.

*

D'un volume des œuvres de Goethe qui couvre les années 1791-1797 (la quarantaine, pour lui), je retiens surtout ces poèmes, ou moments de poèmes, en mètres antiques, où est dite une plénitude : fleurs et fruits — ou saisons, ou instants — liés presque toujours à l'amour le plus sensuel, mais baignant en même temps dans une sorte de grand calme, admirable, grâce à une acceptation des limites qui coïncide avec l'obéissance aux règles de la prosodie classique. Un équilibre, certes, mais moins obtenu par une décision de la volonté ou de faux-semblants que par une maturation. De sorte que tout cela consonne de la façon la plus naturelle ; au point que même parmi les « distiques » dont l'intention est d'abord morale, on est tenté d'en retenir quelques-uns pour leur seule vertu poétique. Le sommet restant *Alexis et Dora* où un jardin, par la grâce de l'art, est redevenu, quelques instants, l'Éden. Soi-même, dans le monde plus délabré d'aujourd'hui, on aura saisi quelques éclats de cette plénitude, entrevu quelques-uns de ces fruits dorés, de ces soleils domestiques, sous les feuilles (et notamment sous celles, sombres et brillantes, des arbousiers).

« La vie à l'homme offre des fruits ; mais peu
Qui saluent aussi gais et rouges entre les branches que
   la pomme[1]. »

1. *« Früchte bringet das Leben dem Mann ; doch hangen sie*
     selten
   Rot und lustig am Zweig, wie uns ein Apfel begrüsst. »

ou encore :

« *Toi qui ne sèmes, aujourd'hui, que feuilles légères,*
  fanées,
Automne, console-m'en un jour avec des fruits mûris-
  sants[1]. »

et, trop imparfaitement traduits, ces quelques
vers d'*Alexis et Dora* :

            « *... tu me dis tendrement :*
Emporte quelques fruits de ce jardin !
Prends des oranges les plus mûres, les pâles figues ; la
  mer
Ne donne pas de fruit, ni toute contrée outre-mer.
J'entrai. Tu t'empressas de me cueillir des fruits
Et leur fardeau doré gonflait la robe relevée.
Que de fois t'ai-je dit : assez ! mais chaque fois
Un fruit plus beau tombait, à peine touché, dans tes
  mains... »

et l'envoi final :

« *Muses, il suffit ! en vain vous essayez de peindre*
Comment peine et bonheur alternent dans le cœur
  aimant.
Vous ne pouvez guérir les blessures qu'Amour inflige,
Mais vous êtes, ô douces, les seules à servir de baume. »

---

1. « *Diesmal streust du, o Herbst, nur leichte, welkende Blätter ;*
   Gib mir ein andermal schwellende Früchte dafür. »

Après quoi il faudrait aussi traduire dignement *Euphrosyne*, l'admirable élégie écrite par Goethe en 1798 à la mémoire d'une jeune comédienne du théâtre de Weimar, morte à dix-neuf ans.

V

1990-1999

CAHIER DE VERDURE

LE CERISIER

Je pense quelquefois que si j'écris encore,
c'est, ou ce devrait être avant tout pour ras-
sembler les fragments, plus ou moins lumineux
et probants, d'une joie dont on serait tenté de
croire qu'elle a explosé un jour, il y a longtemps,
comme une étoile intérieure, et répandu sa
poussière en nous. Qu'un peu de cette poussière
s'allume dans un regard, c'est sans doute ce qui
nous trouble, nous enchante ou nous égare le
plus ; mais c'est, tout bien réfléchi, moins étrange
que de surprendre son éclat, ou le reflet de cet
éclat fragmenté, dans la nature. Du moins ces
reflets auront-ils été pour moi l'origine de bien
des rêveries, pas toujours absolument infertiles.

Cette fois, il s'agissait d'un cerisier ; non pas
d'un cerisier en fleurs, qui nous parle un langage
limpide ; mais d'un cerisier chargé de fruits,
aperçu un soir de juin, de l'autre côté d'un
grand champ de blé. C'était une fois de plus

comme si quelqu'un était apparu là-bas et vous parlait, mais sans vous parler, sans vous faire aucun signe ; quelqu'un, ou plutôt quelque chose, et une « chose belle » certes ; mais, alors que, s'il s'était agi d'une figure humaine, d'une promeneuse, à ma joie se fussent mêlés du trouble et le besoin, bientôt, de courir à elle, de la rejoindre, d'abord incapable de parler, et pas seulement pour avoir trop couru, puis de l'écouter, de répondre, de la prendre au filet de mes paroles ou de me prendre à celui des siennes — et eût commencé, avec un peu de chance, une tout autre histoire, dans un mélange, plus ou moins stable, de lumière et d'ombre ; alors qu'une nouvelle histoire d'amour eût commencé là comme un nouveau ruisseau né d'une source neuve, au printemps — pour ce cerisier, je n'éprouvais nul désir de le rejoindre, de le conquérir, de le posséder ; ou plutôt : c'était fait, j'avais été rejoint, conquis, je n'avais absolument rien à attendre, à demander de plus ; il s'agissait d'une autre espèce d'histoire, de rencontre, de parole. Plus difficile encore à saisir.

Le sûr, c'est que ce même cerisier, extrait, abstrait de son lieu, ne m'aurait pas dit grand-chose, pas la même chose en tout cas. Non plus si je l'avais surpris à un autre moment du jour. Peut-être aussi serait-il resté muet, si j'avais voulu le chercher, l'interroger. (Certains pensent que « le ciel se détourne » de ceux qui le fatiguent de leur attente, de leurs prières. Si l'on prenait ces mots au pied de la lettre, quel grincement de gonds cela ferait à nos oreilles…)

J'essaie de me rappeler de mon mieux, et d'abord, que c'était le soir, assez tard même, longtemps après le coucher du soleil, à cette heure où la lumière se prolonge au-delà de ce qu'on espérait, avant que l'obscurité ne l'emporte définitivement, ce qui est de toute manière une grâce ; parce qu'un délai est accordé, une séparation retardée, un sourd déchirement atténué — comme quand, il y a longtemps de cela, quelqu'un apportait une lampe à votre chevet pour éloigner les fantômes. C'est aussi une heure où cette lumière survivante, son foyer n'étant plus visible, semble émaner de l'intérieur des choses et monter du sol ; et, ce soir-là, du chemin de terre que nous suivions ou plutôt du champ de blé déjà haut mais encore de couleur verte, presque métallique, de sorte qu'on pensait un instant à une lame, comme s'il ressemblait à la faux qui allait le trancher.

Il se produisait donc une espèce de métamorphose : ce sol qui devenait de la lumière ; ce blé qui évoquait l'acier. En même temps, c'était comme si les contraires se rapprochaient, se fondaient, dans ce moment, lui-même, de transition du jour à la nuit où la lune, telle une vestale, allait venir relayer le soleil athlétique. Ainsi nous trouvions-nous reconduits, non pas d'une poigne autoritaire ou par le fouet de la foudre, mais sous une pression presque imperceptible et tendre comme une caresse, très loin en arrière dans le temps, et tout au fond de nous, vers cet âge imaginaire où le plus proche et le plus lointain étaient encore liés, de sorte que le monde offrait les apparences rassurantes d'une maison ou même, quelquefois, d'un temple, et la vie celles d'une musique. Je crois que c'était le reflet très affaibli de cela qui me parvenait encore, comme nous parvient cette lumière si vieille que les astronomes l'ont appelée « fossile ». Nous marchions dans une grande maison aux portes ouvertes, qu'une lampe invisible éclairait sourdement ; le ciel était comme une paroi de verre vibrant à peine au passage de l'air rafraîchi. Les chemins étaient ceux d'une maison ; l'herbe et la faux ne faisaient plus qu'un ; le silence était moins rompu qu'agrandi par l'aboi d'un chien et les derniers faibles cris des oiseaux. Un vantail plaqué d'une mince couche d'argent avait tourné vers nous son miroitement. C'est alors, c'est là qu'était apparu, relativement loin, de l'autre côté, à la lisière du champ, parmi d'autres arbres de plus en plus sombres et qui seraient bientôt plus noirs que la nuit abritant leur sommeil de feuilles et d'oiseaux, ce grand cerisier chargé de cerises. Ses fruits étaient comme une longue grappe de rouge, une coulée de rouge, dans du vert sombre ; des fruits dans un berceau ou une corbeille de feuilles ; du rouge dans du vert, à l'heure du glissement des choses les unes dans les autres, à l'heure d'une lente et silencieuse apparence de métamorphose, à l'heure de l'apparition, presque, d'un autre monde. L'heure où quelque chose semble tourner comme une porte sur ses gonds.

Que pouvait être ce rouge pour me surprendre, me réjouir à ce point ? Sûrement pas du sang ; si l'arbre debout sur l'autre bord du champ avait été blessé, avait eu le corps ainsi taché, je n'en aurais éprouvé que de l'effroi. Mais je ne suis pas de ceux qui pensent que les arbres saignent, et qui s'émeuvent autant d'une branche coupée que d'un homme meurtri. C'était plutôt comme du feu. Rien ne brûlait pourtant. (J'avais toujours aimé les feux dans les jardins, dans les champs : c'est à la fois de la lumière et de la chaleur, mais aussi, parce que cela bouge, se démène et mord, une espèce de bête sauvage ; et, plus profondément, plus inexplicablement, une sorte d'ouverture dans la terre, une trouée dans les barrières de l'espace, une chose difficile à suivre où elle semble vouloir vous mener, comme si la flamme n'était plus tout à fait de ce monde : dérobée, rétive, et par là même source de joie. Ces feux brûlent encore dans ma mémoire, il me semble, en ce moment même, que je passe près d'eux. On dirait que quelqu'un les a semés au hasard dans la campagne et qu'ils se mettent à fleurir tous à la fois, avec l'hiver. Je ne puis en détacher les yeux. Est-ce que, sans même y penser, je sais qu'ils se nourrissent, en crépitant, de feuilles mortes ? Ce sont des arbres brefs que le vent secoue. Ou des renards, compagnons fauves.)

Mais ce rouge là-bas ne brûlait pas, ne crépitait

pas ; ce n'était même pas de la braise, comme il en reste, éparse, dans les lointains, à la fin du jour. Au lieu de monter comme les flammes, cela coulait ou pendait, une grappe, des pendeloques de rouge, ou de pourpre ; dans l'abri des verdures très sombres. Ou tout de même, parce que cela éclairait et réchauffait, parce que cela semblait venir de loin, faut-il dire que c'était comme du feu suspendu, qui ne déchirerait ni ne mordrait, qui serait mêlé à de l'eau, contenu dans des sortes de globes humides, adouci, dompté ? Comme une flamme dans une veilleuse de verre ? Une grappe de feu apprivoisé, marié à de l'eau nocturne, à de la nuit en formation, imminente mais pas encore advenue ?

Une douceur sans limites frémissait sur tout cela comme un souffle d'air, fraîchissant à l'approche de la nuit. Je crois que notre écorce, plus rugueuse d'année en année, s'est assouplie pendant quelques instants, comme la terre dégèle et laisse l'eau nouvelle sourdre à sa surface.

Il y avait un lien des feuilles avec la nuit et la rivière plus lointaine, que l'on n'entendait pas ; il y en avait un des fruits avec le feu, la lumière. Ce qui nous avait arrêtés et semblait nous parler sur l'autre bord du champ froissé par le vent comme une rivière pâle, ressemblait un peu, sans cesser d'être un cerisier chargé de fruits dont, en approchant, j'aurais pu reconnaître la variété — de même que rien autour de nous ne cessait d'être chemin, champs et ciel —, à un petit monument naturel qui se serait trouvé soudain éclairé en son cœur par l'huile d'une offrande, une sorte de pilier mais capable de frémir, même si à ce moment-là il paraissait absolument immobile — orné, pour une remémoration, d'une grappe de fruits, de feu apprivoisé ; si bien qu'à sa vue, alors qu'on avait cru seulement marcher sur les chemins trop familiers, tout changeait, tout prenait un sens différent, ou un sens tout court ; ainsi, quand un chant s'élève dans une salle, ou une simple parole, pas n'importe laquelle toutefois, dans une chambre, ce sont toujours la même salle, la même chambre, on n'en est pas sorti, pas plus qu'on n'a cessé d'être en proie au minutieux travail du temps destructeur, et néanmoins quelque chose d'essentiel semble avoir changé. Ce soir-là, peut-être que, sans en prendre conscience, je sentais que du temps, des heures pendant lesquelles moi-même j'avais vécu, c'est-à-dire du jour, mais aussi de la nuit, avaient pénétré lentement dans ces fruits pour les arrondir et finalement les empourprer ; qu'ils contenaient en suspens tout cela, eux-mêmes suspendus dans leur abri de feuilles, comme couvés par ces ailes vertes, mais bientôt noires et plus noires que le ciel au bas duquel elles frémissaient, dans leur sommeil, à peine...

J'aurais été mieux avisé d'aller cueillir ces fruits, pensera-t-on, et de ne pas faire tant de cérémonies. Mais je sais aussi les cueillir, j'aime leur éclat en plein jour, leur rondeur de joues saines, leur goût parfois acide, parfois aqueux, leur écarlate. C'est une autre histoire, simplement : dans la chaleur du jour, en plein soleil, avec vite un désir de mordre dans d'autres fruits, des échelles où ce ne sont pas des anges qui montent vers le ciel éblouissant de ce début d'été, mais beaucoup mieux que des anges...

Une couleur dans une autre, à un moment de passage, où l'on passe un relais — l'athlète solaire à la vestale qui semble plus lente que lui —; comme un cœur, comme le Sacré-Cœur du Christ sur les images saintes ?

Le buisson ardent.

Un feu, dans l'abri de ces feuilles, elles-mêmes plutôt couleur de sommeil. Paisibles, apaisantes. Un plumage d'oiseau maternel.
Œufs pourpres couvés sous ces plumes sombres.

Une fête lointaine, sous des arceaux de feuilles. À distance, à toujours plus grande distance.

Tantale ? Oui, si ces fruits étaient des seins. Mais ils n'en sont pas même l'image.

Conseils venus du dehors : certains lieux, certains moments nous « inclinent », il y a comme une pression de la main, d'une main invisible, qui vous incite à changer de direction (des pas, du regard, de la pensée) ; cette main pourrait être aussi un souffle, comme celui qui oriente les feuilles, les nuages, les voiliers. Une insinuation, à voix très basse, comme de qui murmure : regarde, ou écoute, ou simplement : attends. Mais a-t-on encore le temps d'attendre, la patience d'attendre ? Et puis, s'agit-il vraiment d'attendre ?

S'est-il rien passé ?

Une flamme entre deux paumes, qu'elle éclaire, tiédit. Une lanterne sourde. Quelle plus belle enseigne, pour une meilleure auberge ? Où il ne serait pas besoin d'entrer pour se sentir à l'abri, pas besoin de boire pour être désaltéré ?

« Au cerisier chargé de fruits. » Bizarre enseigne, quoique belle, et drôle de voyageur, guidé et nourri par des mirages ! N'a-t-il pas l'air un peu hagard, à force, ne te semble-t-il pas amaigri ? Que le vent qui lui rappelle en ce début de nuit d'été d'anciennes caresses forcisse et se déchaîne, j'ai peur qu'il ne puisse lui tenir tête longtemps. On ne se protège pas de l'âge avec des souvenirs ou avec des rêves. Même pas peut-être avec des prières. Mais qui vous a jamais rien promis ? Du moins, plus que ces leurres si beaux qu'ils vous enlèvent le sommeil ? Trop beaux pourtant, continue-t-il presque maniaquement à penser, pour n'être que des leurres.

BLASON VERT ET BLANC

Autre chose vue au retour d'une longue marche
sous la pluie, à travers la portière embuée d'une
voiture : ce petit verger de cognassiers protégé
du vent par une levée de terre herbue, en avril.

Je me suis dit (et je me le redirai plus tard
devant les mêmes arbres en d'autres lieux) qu'il
n'était rien de plus beau, quand il fleurit, que
cet arbre-là. J'avais peut-être oublié les pom-
miers, les poiriers de mon pays natal.

Il paraît qu'on n'a plus le droit d'employer le
mot beauté. C'est vrai qu'il est terriblement usé.
Je connais bien la chose, pourtant. N'empêche
que ce jugement sur des arbres est étrange,
quand on y pense. Pour moi, qui décidément ne
comprends pas grand-chose au monde, j'en viens
à me demander si la chose « la plus belle », res-
sentie instinctivement comme telle, n'est pas la
chose la plus proche du secret de ce monde, la
traduction la plus fidèle du message qu'on croi-
rait parfois lancé dans l'air jusqu'à nous ; ou, si

l'on veut, l'ouverture la plus juste sur ce qui ne peut être saisi autrement, sur cette sorte d'espace où l'on ne peut entrer mais qu'elle dévoile un instant. Si ce n'était pas quelque chose comme cela, nous serions bien fous de nous y laisser prendre.

Je regardais, je m'attardais dans mon souvenir. Cette floraison différait de celles des cerisiers et des amandiers. Elle n'évoquait ni des ailes, ni des essaims, ni de la neige. L'ensemble, fleurs et feuilles, avait quelque chose de plus solide, de plus simple, de plus calme ; de plus épais aussi, de plus opaque. Cela ne vibrait ni ne frémissait comme oiseaux avant l'envol ; cela ne semblait pas non plus commencer, naître ou sourdre, comme ce qui serait gros d'une annonce, d'une promesse, d'un avenir. C'était là, simplement. Présent, tranquille, indéniable. Et, bien que cette floraison ne fût guère plus durable que les autres, elle ne donnait au regard, au cœur, nulle impression de fragilité, de fugacité. Sous ces branches-là, dans cette ombre, il n'y avait pas de place pour la mélancolie.

Vert et blanc. C'est le blason de ce verger.

Rêvant, réfléchissant à ces deux couleurs, il m'est revenu à l'esprit à un moment donné la *Vita Nuova*, ce petit livre auquel j'avais repensé déjà quand j'ébauchais des espèces de madrigaux à l'enseigne d'un autre génie italien, plus tardif : Claudio Monteverdi. Ce titre, en effet, me suggérait l'image de jeunes dames, aussi nobles d'esprit que pures de cœur, réunies en groupes comme des musiciennes, marchant et devisant, tour à tour graves et rieuses, pures mais pas du tout désincarnées, très désirables sœurs des anges partout présents dans la peinture d'alors. Et je les voyais, ces jeunes femmes, vêtues de robes blanches brodées de vert comme il me semblait que l'était la figure du «Printemps» qui orne le frontispice du fragment d'*Hypérion* dans l'édition de 1957 (peinture grecque, sauf erreur, où, sur la reproduction du moins, la jeune femme, si elle cueille une fleur blanche sur un fond de prairie verte, porte une robe d'un ton plutôt jaune), ou celle de la Flore du *Printemps* de Botticelli, avec sa couronne et son col de fleurs (et le texte même de Hölderlin n'était pas sans rappeler, par sa noblesse juvénile, celui de la *Vita Nuova*).

Mais quand j'ai relu ce dernier livre, j'ai constaté, non sans étonnement, qu'à l'exception de la robe rouge sang dans laquelle Béatrice apparaît à Dante par deux fois, et la seconde en rêve, il n'y a pas, dans tout le récit, une seule mention de couleur en dehors du blanc, qui n'en est pas une. Le texte est beaucoup plus sévère, plus insaisissable que ne l'avait fait mon souvenir. Cette absence de couleurs ne le rend pas exsangue pour autant. On le dirait écrit dans une langue de verre, une langue diaphane; on croirait entendre une fugue de verre où rien n'empêcherait jamais le passage d'une lumière

tendre, déchirante quelquefois parce que loin-
taine, insaisie. Et la seule comparaison propre-
ment dite, avec un de ses deux termes emprunté
au concret, qui s'y trouve, c'est, au chapitre XVIII :
« *Et comme quelquefois nous voyons tomber l'eau mêlée
de belle neige, de même il me semblait voir leurs paroles
sortir mêlées de soupirs*», donc un recours à la
matière la plus légère, la plus limpide, à laquelle
ne sont pas par hasard comparées des paroles ;
pas plus que ce n'est un hasard si, dès le début
du chapitre suivant, comme en écho, Dante
écrit : « *Il advint ensuite que, passant par un chemin
le long duquel s'en allait un ruisseau très clair, me
saisit une telle volonté de dire que je me mis à penser à
la manière de m'y prendre...* » Tout, d'ailleurs, ici,
n'est que pas et paroles. Dante passe, et parle ; il
entend rire, pleurer, parler. Il ne fera pas autre
chose dans la *Divine Comédie*, dans un paysage
infiniment plus ample et plus âpre ; mais le pas
sera plus ferme, les rencontres beaucoup plus
diverses et plus graves, les paroles plus sûres
aussi, plus profondes, plus pleines.

Il a bien fallu m'approcher de ces arbres.
Leurs fleurs blanches, à peine teintées de rose,
m'ont fait penser tour à tour à de la cire, à de
l'ivoire, à du lait. Étaient-elles des sceaux de cire,
des médailles d'ivoire suspendues dans cette
chambre verte, dans cette maison tranquille ?
Elles m'ont fait penser aussi aux fleurs de cire
que l'on voyait autrefois sous des cloches de
verre dans les églises, ornements moins péris-

sables que les vrais bouquets ; après quoi, tout naturellement, ce verger « *simple et tranquille* » comme la vie que le Gaspard Hauser de Verlaine rêve du fond de sa prison, m'est apparu lui-même telle une chapelle blanche dans la verdure, un simple oratoire en bordure de chemin où un bouquet de fleurs des champs continue à prier tout seul, sans voix, pour le passant qui l'y a déposé un jour, d'une main pieuse ou peut-être distraite, parce qu'il appréhendait une peine ou marchait vers un plaisir.

Vert et blanc.

« *Oui, c'était alors que les simples et belles bergeron-nettes allaient de vallée en vallée et de colline en colline, en tresse et en cheveux, sans autres habits que ceux qui étaient nécessaires pour couvrir honnêtement ce que l'honnêteté veut et a toujours voulu qui se couvrît ; et leurs ornements [...], c'étaient quelques feuilles de verte bardane et de lierre entrelacées...* »
Ainsi Don Quichotte évoque-t-il l'Âge d'or devant les bergers ébahis. Plus tard, au sortir d'une fâcheuse aventure de barque qu'il a crue enchantée, sur l'Èbre, il sera consolé par la ren-contre d'une belle chasseresse : « *Il arriva donc que le jour suivant, au coucher du soleil et au sortir d'une forêt, Don Quichotte jeta la vue sur un pré ver-doyant, au bout duquel il aperçut plusieurs personnes ; s'étant approché de plus près, il reconnut que c'étaient des chasseurs de haut vol. Il s'approcha encore et vit une gentille dame montée sur un palefroi ou haquenée*

toute blanche qui avait un harnais vert et une selle de
toile d'argent. Cette dame était pareillement vêtue de
vert... »

Nostalgie de l'Âge d'or, pastorales, idylles : il n'était pas absurde que, devant cet autre verger, la rêverie m'y eût conduit. Cervantès le premier s'en gausse, mais il met trop d'art à les recréer pour qu'il en ait tout à fait perdu le goût. Bien sûr, le désenchantement de Dulcinée n'est pas l'œuvre de magiciens perfides, mais celle du regard mûr, lucide, objectif ; c'est cette même désillusion qui, aggravée, conduira plus tard Leopardi aux confins du désespoir. Néanmoins, l'enchantement existe, il se produit encore, même dans ce qui peut sembler la période la plus implacable de notre histoire ; nous en avons été les bénéficiaires (les victimes, si l'on veut), on ne peut pas encore en écarter du monde le rêve, ou le souvenir. Le triomphe de Flore est-il moins réel que sa déroute, ou seulement plus bref ? C'est un char qui s'avance sur un chemin, orné de chants et de rires, et que l'on ne peut empêcher de disparaître à l'angle du bois ; on y est monté soi-même, tel déjà lointain jour d'été. Parce qu'il ne s'arrête pas, parce que la fête prend fin, parce que musiciens et danseurs, tôt ou tard, cessent de jouer et de danser, faut-il en refuser les dons, en bafouer la grâce ?

Vert et blanc : couleurs heureuses entre toutes les couleurs, mais plus proches de la nature que les autres, couleurs champêtres, féminines, profondes, fraîches et pures, couleurs moins sourdes que réservées, couleurs qui semblent plutôt paisibles, rassurantes...

Ainsi de vagues images, venues du monde réel ou de vieux livres, se mêlaient-elles à plaisir dans mon esprit. Des figures féminines s'y distinguaient à pleine des fleurs ou des feuilles dont leurs robes et leurs chevelures étaient ornées ; elles ne demandaient qu'à vous entraîner dans leurs rondes, à vous envelopper de leurs chants pour vous mettre à l'abri des coups, vous guérir des blessures ; enveloppantes, guérissantes, oui, tout à fait comme Zerline l'est pour Masetto dans *Don Giovanni*, comme l'est Zerline, ou l'air de Zerline (c'est tout un) ; enveloppantes, étourdissantes même et probablement trompeuses, mais d'une tromperie que l'on préfère, quelquefois, à la droiture.

Je crois bien qu'en tout verger, l'on peut voir la demeure parfaite : un lieu dont l'ordonnance est souple, les murs poreux, la toiture légère ; une salle si bien agencée pour le mariage de l'ombre et de la lumière que tout mariage humain devait s'y fêter, plutôt qu'en ces tombes que sont devenues tant d'églises.

Et ce verger-ci, mi-parti de vert et de blanc, c'est le blason des noces rustiques et des fêtes de printemps, une musique de chalumeaux et de petits tambours encore assourdis par un reste de brume.

Curieuses fêtes, drôles d'idylles, puisque l'on ne peut danser avec ces fées-là, ni un seul instant les tenir par la main !

Ces sceaux de cire, s'ils cachettent une lettre, faut-il que je les rompe pour en lire le contenu ?

Couleurs fermes, opaques et tranquilles ; rien qui frémisse, rien qui batte de l'aile, rien même qui vibre. Comme si le mouvement n'existait plus, ou pas encore ; sans qu'il s'agisse pour autant de sommeil, moins encore de rigidité, de figement. Ces cierges, si ce sont des cierges, ne veillent pas un mort ; ces bougies n'éclairent ni le lit, ni un livre. D'ailleurs, elles ne brûlent pas : ce serait encore trop de mouvement, de fièvre, d'inquiétude.

Il est beaucoup de choses de ce monde où j'aurai bu et qui m'auront gardé de me dessécher, beaucoup de choses qui ont eu la légèreté d'un rire, la limpidité d'un regard. Ici se dévoile à demi la présence d'une source dans l'herbe, sauf que ce serait une source de lait, c'est-à-dire… mais il faut que le pas en ces abords ne soit plus entendu, que l'esprit et le cœur ralentissent ou presque s'oublient, au bord de la disparition bienheureuse, d'on ne sait trop quelle absorption dans le dehors : comme si vous était proposé par pure grâce un aliment moins vif, moins transparent que l'eau, une eau épaissie, opacifiée, adoucie par son origine animale, une eau elle aussi sans tache mais plus tendre que l'eau.

De toutes les couleurs, il se pourrait que le vert fût la plus mystérieuse en même temps que la plus apaisante. Peut-être accorde-t-elle dans ses profondeurs le jour et la nuit ? Sous le nom de verdure, elle dit le végétal : tous herbages, tous feuillages. C'est-à-dire aussi, pour nous : ombrages, fraîcheur, asile d'un instant. («*À cet asile d'un instant n'attachez pas votre cœur*», conseille la courtisane au moine dans *La Dame d'Egughi*, ce nô lu à seize ans et jamais oublié ; mais si, au contraire, on ne voulait plus s'en détacher jamais ?)

Qui peut m'avoir tendu cela comme je passais, qui a deviné que, sous mes dehors convenables, je n'étais peut-être qu'un mendiant, que je pouvais avoir soif ? Mais je ne crois pas qu'il y eût une main derrière cette coupe, et c'est là tout le mystère. Aucune servante, cette fois, se tenant discrètement dans l'angle le plus sombre de la salle ; ni même changée en arbre, comme qui le fit pour échapper à l'avidité d'un dieu. Comme si ce n'était plus nécessaire à présent, ou que ce ne l'eût plus été du moins ce jour-là, en ce lieu-là, et que la servante fût dans votre cœur.

Un salut, au passage, venu de rien qui veuille saluer, de rien qui se soucie de nous le moins du monde. Pourquoi donc, sous ce ciel, ce qui est sans voix nous parlerait-il ? Une réminiscence ?

Une correspondance? Une sorte de promesse, même?

Vues dont le mouvement, comme celui des oiseaux, recoudrait l'univers.

On passait. On a bu ce lait de l'ombre, en avril, avec ses yeux.

Peut-être ces feuillages calmes couvaient-ils les véritables œufs, couleur d'ivoire, de la Résurrection?

Ou, peignant seulement, rapidement, cet arbre, aurai-je peint le dernier ange, le seul auquel nous puissions accorder notre confiance, parce qu'il est issu du monde obscur, de sous la terre?

Un ange plus rustique, dirait-on, que les autres, plus berger?

Il nous est arrivé, même à nous, de nous élever ainsi pour porter une coupe d'ivoire à la rencontre du ciel, à l'imitation du ciel; pourvu que nous cachent des feuilles assez calmes.

Chose belle à proportion qu'elle ne se laisse pas prendre.

Voici le dernier écho des «bergeries», un rappel qu'on entend à peine, à la limite de l'ouïe, parce que le lait qui coule de la coupe est plus silencieux qu'aucune eau.

LIBRETTO

Deux aubes

LE BAPTÊME DU CHRIST

Je voudrais me borner à essayer de cerner exactement, comme à n'importe quel autre propos, ce que j'ai ressenti devant cette peinture, à Londres, quand, à peine entré au Musée national, j'avais encore l'œil tout frais; cela seulement, si naïf ou insuffisant que cela paraisse ou que cela soit.

Je sais, en ce moment où j'y resonge, que je n'ai pas pensé alors au Christ qui en est pourtant le centre, ni à la scène de l'Évangile qui est peinte là; pas plus que je n'ai pensé un instant que les trois personnages de gauche, ou au moins l'un d'eux, étaient des anges. Je ne me suis posé aucune question non plus sur le personnage qui retire sa chemise au second plan, ni sur les quatre vieillards barbus, plus loin, derrière lui. Quelque chose de plus général a certainement d'abord agi sur moi, tout à fait comparable aux premières mesures de quelque prélude lent de Bach; mais aussi, à un portique de colonnes de marbre clair, dont l'effet consiste à insinuer en vous, irrésistiblement, une mesure, et pas n'importe laquelle : une mesure certes solennelle, mais heureuse, essentiellement sereine, qui vous donnerait, intérieurement, le pas sûr et tranquille d'une procession. Oui, ce fut d'abord cela : une mise en ordre immédiate, au plus profond de moi, pour un instant de halte. Il a dû s'y mêler aussi, ensuite ou simultanément (mais, en ce cas, légèrement en retrait), la présence de deux groupes de couleurs comme de deux drapeaux, l'un en arrière, aux couleurs sourdes qui conviennent à des vêtements de vieillards, l'autre au premier plan à gauche, aux couleurs claires et vives, confirmant qu'il s'agissait bien là, en quelque façon, d'une fête ; que les deux personnages couronnés de gauche, dont je ne distingue pas sur la reproduction s'ils sont bien eux aussi des anges (on les dirait plutôt revenus de l'Antiquité et d'une autre fête), eussent le visage rond, un peu lourd, et le regard presque placide de beaucoup de personnages peints par ce peintre, devait ajouter à la sérénité de la scène sans que j'en prenne conscience, de même que leur présence claire était aussi celle de la jeunesse. Mais il y avait, pour me retenir et me rendre muet d'émerveillement, plus que cela. C'était, bien sûr, que la scène se passait sous des arbres, et même identifiables, parmi l'herbe ; qu'un paysage de collines s'élevait doucement dans le fond, avec des chemins et des tours, donnant pour cadre à la fête (qui n'était pas pour moi à ce moment-là celle du baptême du Christ, mais une fête comme antérieure et sans nom) la terre que nous connaissons, notre demeure.

Mais un autre élément encore devait se mêler à ceux-ci, les imprégner et jouer un rôle plus sourdement puissant : c'était, naturellement, et chacun l'a revu déjà dans son souvenir, ce ciel clair où les nuages dans leur blancheur à peine ombrée, loin d'apparaître comme une menace pour l'azur, l'exaltent, le creusent — ainsi que le fait, à peine différente d'eux, au-dessus de la coupe lustrale et du visage recueilli du Christ, la colombe plus blanche que neige de printemps sur les montagnes, avec ses longues ailes horizontales — pure balance ; tandis que par un autre miracle, en bas, là où se posent les pieds, dans la rivière tellement étale qu'elle ne coule plus, immobile comme tout le reste du tableau dans un suspens qui n'est pas un figement, le ciel se répète, exactement aussi limpide et aussi frais.

J'ai compris alors ce qui n'était d'ailleurs guère malaisé à comprendre, que cette grande peinture tranquille ne m'avait retenu aussi longtemps dans l'espace étrange, indéterminé d'une salle de musée, que parce qu'elle était comme une célébration du lever du jour, de l'éveil, du commencement perpétuel dont l'eau nous lave en effet, qui que nous soyons et si bas que nous ayons pu tomber, pour peu qu'elle revienne en fin de nuit nous surprendre.

RIVA DEGLI SCHIAVONI

Je me suis levé un peu avant le jour, réveillé peut-être par les mailles de lumière qui bougent et brillent au plafond comme un filet de pêche, ou par la corne d'un navire ; ou simplement, par l'inquiétude qui naît quelquefois des rêves. Je ne suis pas allé vers la fenêtre qui donne sur le large où la lumière serait peut-être déjà trop scintillante ; mais vers celle qui, des trois étages de cette pension à la façade décrépie où se déglingue un nom en lettres d'or, domine le quai, rompu presque à mes pieds par un premier pont de marbre. Alors, je vois là, devant moi, ce qui n'est nullement un rêve ou un sortilège, mais qu'il est impossible de traduire, de transmettre comme on le voudrait : le quai encore désert et les maisons inégales qui le bordent à droite en dessinant une courbe qui s'achève là-bas en palais, tandis qu'à gauche il y a d'abord de l'eau, et plus loin d'autres pierres qui sont d'autres maisons, d'autres palais, une ou plusieurs églises ; et je sais aussi qu'à droite, si je sortais et marchais un peu, j'apercevrais, au-delà d'une passerelle de bois, les tours roses de l'Arsenal qui dissimule derrière ses murs crénelés plus de jardins que d'armes (et il se peut qu'alors déjà, ce mot chargé pour moi d'un funeste mystère depuis très longtemps, quand mes premières promenades, encore enfant, me conduisaient en pleins champs, au sortir de ma ville natale, non loin d'un bâtiment du même nom, mais banalement moderne et camouflé en gris vert, il se peut qu'alors déjà ce mot ait été inséparable dans mon esprit des vers de Dante qui sont d'ailleurs gravés dans le marbre à côté de l'entrée : *Quale nell'arzanà de'Viniziani / bolle l'inverno la tenace pece / a rimpalmare i legni non sani*). Mais peut-être que ce matin-là je n'y ai même pas pensé, que cela n'a pas été nécessaire ; que j'ai seulement vu ce quai dallé, ces maisons et ces palais, le balancement des remorqueurs à l'ancre et des gondoles, plus loin, le glissement des premières barques sur le Canal ; et ce n'était même pas cela qui comptait, mais comment dire ? justement, les mots se dérobent, quelque chose comme l'intérieur d'un de ces coquillages qu'on rapporte d'une promenade sur la plage, une conque avec du rose, du jaune pâle, du mauve, du gris perle, couleurs à peine encore nées et sur lesquelles n'importe quel nom pèse trop déjà ; et surtout, cela flottait sous mes yeux dans le presque silence ; peut-être un peu comme la paume d'une main ouverte pour une offrande ; quelque chose qui était là, pourtant, indubita-blement, mais comme une ébauche, une lente

éclosion de couleurs presque aussi impercep-
tibles qu'un mélange de parfums; et en même
temps c'était de la pierre, et il y avait eu tout
à coup dans cette espèce de tendre commen-
cement de brasier ou dans cette roseraie (il faut
bien en venir à de tels mots), des pas, peu
bruyants certes mais qui, d'être les premiers
aussi, semblaient plus sonores; il y avait eu,
comme suspendues dans cette irisation de plus
en plus chaude, des figures qui étaient passées,
rapides, noires comme des oiseaux vus à contre-
jour sur le ciel et suivant un chemin tout aussi
droit, comme si elles savaient parfaitement où
elles allaient dans une ville qui hésitait à prendre
forme. C'étaient probablement, à pareille heure,
des ouvriers ou des employés qui se hâtaient vers
le lieu de leur travail, mal réveillés encore, fris-
sonnants peut-être et peu enclins à s'émerveiller
de la naissance du jour. Mais pour moi qui
regardais intensément cela de ma fenêtre, non
pas comme un nabab à qui toute fatigue et toute
angoisse du lendemain seraient toujours épar-
gnées, mais comme quelqu'un à qui étaient
encore laissés le temps et la force de voir, je
sentais intensément là-devant (ou peut-être n'est-
ce qu'aujourd'hui, en y repensant) le peu qu'il
aurait fallu pour que ces passants fussent pris
eux-mêmes dans cette conque et soulevés par
cette paume, touchés par la baguette de nacre
de cette aube, qu'ils se colorent à leur tour de
rose et d'ambre; à peine un peu plus de feu aux
façades et je ne douterais plus des images qui les

enveloperaient eux, en bas, sur le quai de moins en moins irréel, images aux mêmes tendres couleurs que celles de l'aube, mais où c'était Vénus à peine quittée par eux qui serait née de nouveau de la conque, mélange d'ambre et de langoureuse braise.

Entre ces deux aubes, entre cette fraîcheur de fon-
taine assez pure pour que l'oiseau qui nous est intérieur
puisse passer à jamais toute porte, et ce rougeoiement
de braise qui est plutôt sur des lèvres entrouvertes le
dernier feu d'une nuit sans retenue et sans promesse,
je crains de ne pouvoir choisir ; et de perdre ainsi, peut-
être, comme Orphée, pour un regard trop longtemps
retourné, la clef du grand jour.

APRÈS BEAUCOUP D'ANNÉES

Hameau

Dans la nuit me sont revenues, avec une intensité pareille à celle que produit la fièvre, d'autres images de promenade ; au sortir d'un de ces rêves où l'on voudrait que certain nœud moite et vertigineusement doux ne se dénoue jamais. Cette fois-ci, c'était toujours de la réalité, un morceau du monde, et en même temps une espèce de vision, étrange au point de vous conduire au bord des larmes (cela, donc, non pas sur le moment, mais dans la nuit qui a suivi, devant, telles qu'elles me revenaient, ces images insaisissables d'un fond de vallée perdu où pourtant nous étions réellement passés).

Une voix me disait (ce n'était pas celle du coucou qui avait été perceptible à plusieurs reprises à travers la pluie, seule cage qui pût le tenir captif sans le décourager d'appeler), bizarrement : « Faites passer... » — comme on le fait d'une consigne pour la troupe si le message ne doit pas être ébruité, s'il s'agit d'un secret dont la victoire ou le salut dépend. Personne ne disait

cela que le lieu même où, moi aussi, je passais.
Ce n'étaient d'ailleurs pas des paroles, un mes-
sage ; tout juste une rumeur un peu au-dessus du
sol, un peu plus haut que ma tête, au bord de la
route.

Le nom de ce lieu n'a pas à être dit, même pas
son initiale. Il y avait là quatre ou cinq fermes
(en fait, je regardais à peine, il ne s'agissait plus
exactement de regard), de vraies fermes autour
desquelles on ne voyait personne, probablement
parce que c'était dimanche, pas en ruine, bâties
de très vieux murs, pas du tout restaurées, trans-
formées — et s'il y avait eu là, par exemple, une
charrette, ou bien elle aurait servi encore à trans-
porter du fourrage, du fumier, ou bien on l'aurait
laissée se délabrer, mais en aucun cas on ne
l'aurait « sauvée » pour y faire trôner des géra-
niums au milieu d'une pelouse ; des fermes de
très vieille pierre et de très vieux bois, comme les
arbres fruitiers tout autour avaient de vieux troncs,
de vieilles branches écaillées, rugueuses, fatiguées.
(Je n'observais pas tout cela, je le devinais, sous
le gris du ciel qui menaçait de tourner à l'encre
derrière les remparts de pierre encore plus
vieille de la montagne, celle-ci assez élevée pour
qu'y restent, sur le versant nord, quelques taches
de neige.)
 Devant ces fermes, il y avait de l'herbe, déjà
haute et drue. Il faisait presque froid. On était
dimanche. Nul besoin d'église pour que cela fût
sensible : les paroles, ou les espèces de paroles

entendues, je me suis demandé si ce n'était pas, peut-être : *Benedictus qui venit in nomine Domini*, béni soit le messager qui vient de l'autre côté du col, par le chemin abrupt et boueux frayé dans une forêt si abandonnée qu'on croirait plutôt des ruines d'arbres.

Cette rumeur qui n'en est pas une, qui ne fait aucun bruit, même quand le vent se met à souffler, si elle avait pris forme tout de même de paroles, ç'aurait pu être aussi la phrase jamais oubliée depuis cette adolescence un peu hagarde où on avait rêvé par moments de s'orienter sur elle : *Quelquefois, je vois au ciel des plages sans fin couvertes de blanches nations en joie*; sauf que ce n'était pas dans le ciel, cela se longeait, se touchait de la main, se traversait, vous enveloppait...

Dimanche matin, sans aucune cloche, sans prêche, sans paroisse. Autour de ces maisons usées qui ont l'air aussi vieilles, aussi vraies que les montagnes, dans ce lieu de fatigue, c'était comme si, d'une fête de jeunes filles, il n'était plus resté, prises aux ramures, que leurs couronnes blanches. Elles-mêmes ont dû s'en aller ; ne persiste plus que leur image enfuie, leur absence, parfumée. C'est ainsi que l'on passe un seuil, à leur suite ; et que commencent, peut-être, les visions.

« Faites passer... », vous qui passez ici, par cette voie, mais quoi ? Quelle consigne ? De quoi suis-je en train d'essayer de parler ? D'un dimanche d'avril, dans une vallée perdue, de quelques fermes éparses au milieu d'antiques vergers de cerisiers, de pommiers, de poiriers en pleine floraison ; de prairies protégées par des haies d'aubépines ; sous un ciel gris, par un temps encore froid, d'autant plus qu'on a rejoint le pied d'une montagne assez haute. Tout cela, maisons comprises, sans âge autre que celui des saisons ; et, néanmoins, sous la forme où je l'entrevoyais (mais on ne s'en attristait plus), éphémère.

Une rumeur, parfaitement silencieuse, un peu plus haut que votre tête. Un foisonnement sans aucun poids. Des milliers de petites choses éparpillées, à croire qu'il devait y avoir un rucher dans les parages. Et des essaims, pour quelques jours immobilisés dans leur course hésitante, désarmés.

Ou une aspersion d'eau lustrale pour bénir toute cette ferraille rouillée à quoi ressemblent les buissons, ces carcasses noueuses, et quiconque, passant ici, aurait de la douleur à porter.

Franchir le seuil, si l'on obéissait à la consigne, faut-il penser que ce serait avoir laissé en deçà tout ce qui touche le cœur, émeut le corps ? Par exemple, le désir que n'auraient pas manqué d'enflammer la proximité, les jeux, les rires des jeunes paroissiennes, si elles n'avaient pas fui beaucoup trop tôt ? Le trouble que suscitent les tourbillons, l'entrain d'une robe, l'impatience d'une chevelure, ce qu'ils cachent ou ce qu'ils dévoilent ? Ou beaucoup plus que cela (qui était encore lié aux rêves touffus et ténébreux dont j'avais eu peine à sortir) : la tendre moquerie, la peine d'être séparés, les mains dénouées ne serait-ce qu'un instant, le souci, les doutes, le dépit, la colère, toutes ces émotions qui se mêlent aux autres danses, le dimanche matin, comme aux soirs de semaine, plus décolorés ?

Ne serait-ce pas même, franchir le seuil (dans le moment de la vision), avoir laissé en deçà jusqu'aux sensations plus neutres, plus générales ; pour avoir deviné, d'une certaine façon, que, là-bas, il ne s'agirait plus de couleurs, de mouvements, de parfums, de figures ; qu'on allait être emportés plus loin, à partir de ce fond de vallée, bien qu'il fût localisé avec une précision rigoureuse, irréfutable, sur la carte que j'avais comme toujours entre les mains ?

Était-ce là le message que transmettait sans rien dire la parole sans paroles : « Passez outre à ce monde, par ce col » ? « Prenez congé de nous » ?

De même que l'essaim, au premier souffle, sera dispersé, gaspillé, dans un tourbillon ? (Pour faire place, il est vrai, à un autre, de plus en plus opaque, de plus en plus calme.)

Si la grâce la plus tendre à la plus faible injonction du souffle se dissipe, ne faut-il pas, en effet, passer outre ?

C'est une façon d'entendre ce que semble dire ce hameau à qui s'y attarde un instant, par un dimanche froid d'avril. Une façon de se laisser emporter, orienter, exalter, sans trop chercher à comprendre.

Il est possible en effet que cela nous touche plus loin que les yeux, que le corps, le cœur, la pensée elle-même ; du moins, que ce lieu et cet instant, ainsi tressés l'un avec l'autre, et nous autres liés à eux, prenions racine plus loin que tout cela. On serait près de le croire, en passant...

(On imagine encore, justement parce qu'on n'a pas franchi le seuil, lâché son ballot de douleur, qu'il pourrait y avoir ici un afflux, à nos yeux, d'autant de larmes qu'il y a, dehors, de fleurs, brillantes. Toute la tristesse de la terre montée comme de la sève au bord des yeux troublés par l'âge : l'eau la plus sainte de toutes les eaux. Et ce sont elles que l'on croit parfois retrouver éparses dans le ciel, la nuit venue.)

« Faites passer », disait la terre elle-même, ce matin-là, de sa voix qui n'en est pas une. Mais quoi encore ? Quelle consigne ?

On aurait plutôt pressenti, en fin de compte, non pas un abandon, comme d'un bagage ou d'un vêtement superflu, de tout ce que le corps, le cœur, la pensée reçoivent de ce monde-ci afin d'accéder à on ne sait trop quoi qui aurait toute chance d'apparaître diaphane, spectral, glacé, mais un pas à la suite de quoi rien de l'en-deçà du seuil, ou du col, ne serait perdu, au contraire ; où tout : toute l'épaisseur du temps, d'une vie, de la vie, avec leur pesanteur, leur obscurité, leurs déchirures, leurs déchirements, tout serait sauvé, autrement présent, présent d'une manière que l'on ne peut qu'espérer, que rêver ou, à peine, entrevoir.

Pensées de voyageur, pour peu que l'enveloppe un manteau de grésil.

Musées

UN LÉCYTHE

Il n'y a sur ce vase qu'une image à peine posée,
à peine une figure à déchiffrer :
« Jeune fille à la lyre ».

Comme si une ombre avait marché sur de la
   neige
ou que le vague écho d'une parole
nous vînt à travers un rideau,
ou que l'on tînt quelqu'un comme une lyre dans
   ses bras.

Serait-ce, en ces parages misérables de la mort,
la plus cruelle image ou la plus douce à dé-
   voiler
en inclinant le vase au-dessus des mains tachées ?

Je crains qu'alors, nul leurre ne soit tolérable
et moins qu'aucun, la lyre entre des mains de
   femme
qui nous aura troublés et comblés si longtemps.

Je crois qu'il n'y aura pas d'autre remède
que, tous liens arrachés, quelque chose de pareil
à un surcroît de jour.

Quelque chose comme la main de la lune sur le
    front
ou moins encore : comme la vue d'une pomme
dans la cage brumeuse du pommier ?
Quelque chose comme une pomme couleur de
    crépuscule
dans la coupe des draps ?

Il vient ici un pas dont le battement monotone
dispersera ces mots comme des oiseaux effrayés
ou en fera des mouches autour de la tête
    assiégée,
pires que son approche.

C'est la colombe intrépide ici qu'il faut dé-
    nicher,
elle seule ! mais qui de nous peut la héler,
qui sait encore son nom, si elle en a,
qui a des yeux encore pour en soutenir la vue ?

DAME ÉTRUSQUE

On la découvre à demi couchée
comme pour un repas
sur le recueil de ses propres cendres.

Elle tient dans la main un éventail
qui a la forme d'une feuille.

Tout cela, depuis des siècles, immobile,
une urne en terre, rose,
et autre chose encore
qui nous invite à un tendre respect :

un coffret, même pas très lourd
ni très solide,
comme on verrait une boîte à onguents
à l'effigie d'une beauté vivante
sur sa toilette ; et, non loin, son miroir.

Celle-ci fut tout l'amour d'un homme
une saison de Toscane, ou une vie,
sous le même soleil qui éclaire encore nos pas.

Mais le miroir n'a plus rien à craindre
de son souffle,
et l'éventail en forme de feuille
n'aura plus à cacher aucune rougeur de honte.
Elle a dû désapprendre ce qu'était la brise…

Que c'est étrange, néanmoins, ces images de
    mortes
qui éveillent encore une espèce vague d'amour
chez les ombres que nous sommes devenus !

La loggia vide

Nous avons reçu d'A.C., quelques jours avant Noël, une carte postale d'Italie disant qu'elle souhaitait nous voir après les Fêtes ; cette carte représentait un détail, auquel je n'avais jamais pris garde jusqu'alors, de *l'Annonciation* de Giotto aux Scrovegni : une loggia vide à l'angle de laquelle une potence de bois porte un rideau écru dont l'extrémité inférieure repose dans l'angle d'une des deux fenêtres gothiques, comme si on avait voulu éviter qu'il ne la masque et ne flotte au vent ; derrière la loggia aux trois corniches roses superposées et à gauche de celle-ci, on voit le bleu du ciel, avec quelques nuages, à moins que ce ne soient, mais je ne le crois pas, des taches d'humidité sur le mur. J'ai tout de suite été touché par la fraîcheur, le mystère de cette loggia vide. Cette image a pris place sur la tablette de la cheminée, dans le camp hétéroclite des cartes de vœux.

Dans la nuit du 29 au 30 décembre, alors que nous devions fêter ensemble, avec son compagnon et d'autres amis, le Nouvel An, A.C. est morte dans un accident de voiture, tout près d'ici, non loin de la maison qu'ils étaient en train de se construire. Parce que c'est l'usage, et parce que nous ne voulions pas nous y dérober, parce que surtout, si parfaitement absurde que cela paraisse, nous ne voulions pas la laisser seule, nous sommes allés à la morgue de l'hospice de Grignan où on l'avait couchée sur ce qu'on appelle, si j'ai bien compris, une table froide. Difficile de regarder cela en face. Ce le serait plus encore le lendemain, quand on tiendrait à nous la montrer encore dans le cercueil, juste avant de le refermer, de le « plomber » pour le retour en Angleterre — avec, debout derrière, impassible, le maître des cérémonies qui semblait attendre qu'on le félicitât pour son « arrangement », ou pour prendre date. Elle qui avait toujours eu le teint doré par le soleil, quoiqu'elle habitât le plus souvent un pays de brouillard et de pluie, maintenant déjà elle était jaune comme cire. On comprenait, une fois de plus, que le corps n'est qu'une enveloppe à laquelle la beauté, la grâce ne sont que prêtées ; que, dès l'instant où le cœur avait cessé de battre, ce corps avait cessé d'être elle ; qu'elle, celle que nous avions connue, si elle pouvait avoir encore quelque mode d'existence que ce fût, était déjà partie, ne pouvait plus avoir aucun rapport avec l'innommable qui commençait sous nos yeux (en avait-elle aucun avec l'innommable hasard qui venait de la frapper ?). Allait-elle fleurir ailleurs, autrement après qu'elle l'avait fait si calmement, si rondement, sous notre ciel, le ciel des vivants ?

J'ai levé le camp léger des vœux, sur la tablette de la cheminée. Mis de côté l'image au verso de laquelle sont les dernières lignes qu'elle nous aura écrites. Naturellement, bien que je ne croie guère aux songes, aux prophéties, moins encore aux prétendus complots des astres pour ou contre nous, je ne puis m'empêcher maintenant de voir le rideau blanc de la fresque de Giotto comme un linceul d'où le cadavre aurait été retiré ; et la loggia est vraiment vide désormais, où plus jamais ne se remontrera, ne se repenchera la jeune femme pour qui on croirait qu'étaient faites ses couleurs tendres. Pour le coup, cette image est devenue tout à fait mystérieuse. Elle s'inscrivait, elle s'inscrit toujours dans une scène où un ange sévère apporte à une jeune femme immobile et grave une nouvelle que nous connaissons tous, à laquelle bien peu continuent à croire, même s'ils en sont encore touchés. Pour moi, cette image restera désormais liée à une autre nouvelle, horrible. À une scène où les anges sont, c'est le moins qu'on puisse dire, invisibles, insaisissables ; où il n'y a même pas de démons (leur présence rassurerait plutôt, à tout prendre) ; seulement de l'obscurité, un coup de fouet dans l'obscurité, une espèce de trou noir, l'innommable qu'on ne comprend pas, l'effondrement dans la nuit. Néanmoins, je vois cette loggia claire (peinte d'ivoire et de rose comme un corps juvénile), ouverte, et le bleu du fond, et le rideau tiré (le linceul vide, en partie replié). Nous ne verrons jamais personne se pencher à l'une ou l'autre de ces étroites fenêtres. Andrea C. (fallait-il encore qu'elle portât un prénom d'Italie?), telle que nous l'avons connue, aimée, ne sera jamais plus visible à aucune fenêtre, sous aucun ciel de ce monde. (La même chose d'ailleurs sera dite tour à tour de chacun de nous.) Mais je continue étrangement à voir ce bleu qui entre par le côté dans la loggia ouverte, dont elle se remplit comme le ferait un verre. Quelquefois, cela aussi est étrange, on croirait qu'il n'y a pas beaucoup de différence entre le bleu du ciel et les oiseaux qui en sont les habitants.

Il faut faire circuler encore sous ce ciel la coupe heureuse qu'Andrea semblait toujours porter dans ses deux mains hâlées.

N'empêche : où elle est, ce pourrait être pire que de se retrouver tout le temps sous la pluie et dans le brouillard, qu'elle détestait, ce pourquoi elle avait rêvé de vivre dans le Sud. Mais ce n'est qu'une façon de dire, je le sais. Une façon de ne pas encore dire qu'elle n'est plus, d'aucune façon, que nos éternelles histoires de pluie et de beau temps ne la concernent plus, ni même nos éternelles histoires de lumière et d'ombre. Nos courses d'un endroit à un autre. Nos dépliements de muscles, nos dérouillements de jointures, de moins en moins faciles, pour, chaque matin,

l'étape du matin; nos inquiétudes, nos consola-
tions, nos colères. On l'a débarrassée une fois
pour toutes de ce poids à porter, qu'il soit sombre
ou lumineux. Cela s'est fait d'une façon qui
donne la nausée; cela s'accompagne de circons-
tances qui donnent aussi, autrement, la nausée.

Dans leurs batailles, les hommes d'autrefois
portaient des cuirasses; pas nous (on n'en sup-
porterait même plus le poids). Il y avait aussi
pour leur esprit une armure de pensées; de sur-
croît, dès l'enfance, on les avait, judicieusement,
aguerris. Notre cuirasse n'a plus que des défauts
par lesquels tous les coups portent; et nos
pensées se retourneraient plutôt contre nous
comme autant de flèches ou d'épieux.

Une fois de plus, ma pensée se dérobe, se
désagrège; devant cette mort. Comme si toute
parole ne pouvait être, ou ne risquait d'être, là
devant, que poudre aux yeux; s'agirait-il de la
poudre dorée de l'aube. Pour faire écran, pour
masquer, pallier l'insoutenable. (Et dans les
degrés du mal, il y a encore pire, on le sait : plus
lent, plus détourné, plus ignoble.)

On voudrait pouvoir dire : suis-moi. Je t'ouvre
cette porte dérobée. Où je ne puis passer, quant
à moi. Je ne sais donc pas sur quoi elle donne.
Mais que ce soit un espace où tes bras ne per-
draient plus leur hâle. Une espèce d'exil, de cap-
tivité dans la lumière.

Après beaucoup d'années

Les événements du monde, depuis des années, autour de nous, proches ou lointains — mais plus rien n'est vraiment lointain, du moins en un sens, si plus rien n'est proche non plus —, l'Histoire : c'est comme si des montagnes au pied desquelles nous vivrions se fissuraient, étaient ébranlées ; qu'ici ou là, même, nous en ayons vu des pans s'écrouler ; comme si la terre allait sombrer.

Or, quant à cela, quant à l'Histoire, nul doute : il s'agit bien — ce qu'on aura vécu — de près d'un siècle de l'Histoire humaine ; une masse considérable, une espèce de montagne, en effet, dont la pensée a du mal à faire le tour, le cœur à soutenir le poids ; et tant de ruines, de cime-tières, de camps d'anéantissement qui seraient, de ce siècle, les monuments les plus visibles, d'autres espèces de montagnes, sinistres. Et la pullulation des guerres, la plus ou moins rapide érosion de toute règle, et les conflits acharnés entre règles ennemies. Tout cela multiple, énorme, obsédant, à vous boucher la vue, à rendre l'avenir presque entièrement obscur.

Cela aurait dû, cela devrait changer nos pensées, notre conduite peut-être, on le voit bien. Néanmoins, à tort ou à raison, ce qui fut pour moi, dès l'adolescence, essentiel, l'est resté, intact.

Avec cela, pour qui a tout de même continué à vivre, protégé, au pied de ces montagnes — et pour beaucoup d'entre nous, il n'y a pas eu jusqu'ici davantage que ce pressentiment confus d'une menace de descellement des montagnes, il n'y a pas au monde que du malheur — ces mêmes années, telles qu'on les aura vécues soi-même, à l'intérieur de soi et dans le cadre plus ou moins étroit de son destin : quelle insignifiance, quelle brièveté, une buée ! Comme, au contraire de celle du siècle, l'histoire de notre vie, la seule qui nous soit en partie intérieure, semble infime, dérisoire, à peine réelle ! Vraiment une fumée au pied des montagnes ; et, de ce fait même, à peine commensurable à la masse, au mouvement de celles-ci ; trop infime, méritant à peine qu'on en fasse état, qu'on en tienne compte.

Beaucoup d'années : une masse énorme pour le monde ; pour nous, presque rien. Mais, bien qu'on approche pas à pas de la limite que personne ne franchit — à Gilgamesh, déjà, il y a environ trois mille cinq cents ans, la Tavernière l'a dit : « Depuis les temps les plus reculés / nul n'a jamais franchi cette mer ! » —, persiste en vous, et de ce fait même, du fait de la buée, de la fumée, l'intuition qu'il y a, l'espoir qu'il y ait une autre façon de compter, de peser, une autre mesure du réel dans le rapport qui se crée avec lui dès lors qu'il nous devient, en quelque manière et pour quelque part que ce soit, intérieur.

Beaucoup d'années, si peu d'années et nous autres sans aucun poids, quand le poids du malheur pèse tant. Tout semble si mal réglé, ou les règles si usées, que le pire qui est en chacun de nous — cette violence qui, en même temps, est vie —, de plus en plus souvent, profite de cette dégradation pour remonter du plus bas et, s'alliant au pire qui est en l'autre, en corrompre le meilleur.

Tout cela n'est que trop visible, criant. Tellement exhibé, d'ailleurs, crié si haut que beaucoup s'y habituent, que chacun risque de s'en accommoder. Toutefois, avec ce qui peut vous rester, miraculeusement ou niaisement, de l'autre regard, on voit, on aura vu inopinément, à la dérobée, autre chose. On a commencé à le voir, adolescent ; si, après tant d'années — qui font, vécues, cette durée infime —, on le voit encore, est-ce pour n'avoir pas assez mûri, ou au contraire parce qu'on aurait tout de suite vu juste, de sorte qu'il faudrait inlassablement, jusqu'au bout, y revenir ?

Du moins quiconque écrit ou lit encore ce qu'on appelle de la poésie nourrit-il des intuitions analogues ; tellement intempestives qu'il se prend quelquefois pour un dérisoire survivant.

Ce qui est vu autrement, ce qui est vu, en quelque sorte, de l'intérieur de nous-mêmes, bien que vu au-dehors, semble rejoindre en nous ce que nous avons de plus intime, ou ne se révéler tout entier qu'au plus intime de nous.

Dans cette affaire, toutes les apparences sont contre nous. Il n'y a pour ainsi dire aucun espoir de les prendre en défaut ; sauf, justement, quand certaines d'entre elles pénètrent ainsi en nous et suivent en nous ces beaux chemins.

À la brève rose du ciel d'hiver
on offre ce feu de braises
qui tiendrait presque dans la main.

(« Cela ne veut rien dire », diront-ils,
« cela ne guérit rien,
ne sécherait même pas une larme… »)

Pourtant, voyant cela, pensant cela,
le temps d'à peine le saisir,
d'à peine être saisi,
n'avons-nous pas, sans bouger, fait un pas
au-delà des dernières larmes ?

Tout à la fin de l'hiver
il y a ceci encore de fidèle
autant que les premières fleurs :

une fraîcheur comme de neige très haut dans le
    ciel,
une espèce de bannière
(la seule sous laquelle on accepterait de s'en-
    rôler),

une espèce de fraîche étoffe qui se déplierait
au plus haut, comment dire ?
indubitable ! bien qu'invisible dans le bleu du
    ciel,
aussi sûre que chose au monde que l'on
    touche.

Je ne sais, je ne sais quoi dire
sinon que cela semble, un soir, se déplier très
    haut,
hors de la vue,

même pas se déplier :
être là, être grand ouvert
(ce n'est pas assez ou c'est trop dire,
mais on ne peut ni l'oublier, ni le taire).
Un mouvement de toile, très haut ; presque hors
    de ce monde,
qui produirait ici de la fraîcheur
sur votre front.

Ce n'est pas de la neige,
ce n'est pas une bannière blanche ou bleue
ni rien qu'on puisse vraiment déployer :
il n'y a pas de place aussi haut pour rien de tel,
pas même pour la colombe !

Et c'est pourquoi aussi cela pourrait échapper
à toute espèce de chasseur.

(Si les visages de ces ombres qui passent ici
sont pareillement tristes,
serait-ce d'être devenus aveugles à ce qui ne peut
    se voir ?)

Et pour dernier office, enfin :

replier seulement ces pages, ces étoffes
et qu'on n'entende plus, né de ce soin,
qu'un froissement, très loin, de l'air.

NOTES DE CARNET

(La Semaison)
V

*

Sûrement, quelque chemin que je suive encore, dans quelque labyrinthe que je me risque, si quelque fil d'Ariane doit m'en dépêtrer, ce sera celui de certaines paroles, non pas forcément grandes, mais limpides, comme l'eau des torrents. J'y ai bu avec mes mains d'enfant devant la bouche ; je les ai franchis d'un court élan de mes pieds d'enfant, sur ces pentes à l'herbe rase et parsemée de pierres ; si froids qu'ils semblaient jaillir du sein neigeux des montagnes, comme dans la « Lettera amorosa » : « *per sentieri di neve...* » Si ce fil ne rompt pas, je n'aurai besoin de rien de plus, aujourd'hui et plus tard, « *nunc et in hora mortis nostrae* ».

*

Rouvrant un cahier d'août 1968 où j'avais jeté quelques notes sur les événements de mai que, les suivant de loin, et conformément à ma pente naturelle, j'avais tout de suite jugés avec réticence, je ne veux aujourd'hui en retenir que ma réaction à la lecture du sixième cahier de *L'Éphémère* paru cet été-là.

J'avais été frappé par le fait que trois écrivains de ma génération parmi ceux que j'admirais, et admire encore le plus, dont deux étaient d'ailleurs rédacteurs de la revue (les deux autres, Bonnefoy et Picon, ayant gardé le silence), René-Louis Des Forêts, André Du Bouchet et Jacques Dupin, écrivains plutôt secrets et que je n'avais jamais vus s'engager dans un débat politique, saluent l'événement avec une égale ferveur — ferveur que probablement, même sur place, je n'aurais pas partagée : chacun d'eux, d'ailleurs, très significativement, ayant cru voir là réalisé, ne fût-ce que pour quelques jours, le rêve même qui aimantait son œuvre : Des Forêts, une « *parole bouleversante sortie comme la vérité de la bouche d'un enfant*», Du Bouchet, une « *vacance* » nouvelle, Dupin un « *soulèvement de signes* »... Ces pages, sur le moment, m'ont ébranlé ; je devais être vaguement honteux de moi, qui n'aurais pas été porté par cette vague d'espoir fiévreux. Mais je me souviens que, poursuivant ma lecture de la revue, j'étais tombé sur le récit de voyage de Bashô traduit par René Sieffert : *La Sente étroite du bout du monde*[1] ; et que je m'étais

---

1. Texte reparu vingt ans plus tard à *La Délirante*, traduit cette fois par Jacques Bussy avec quelques autres pages sous le titre : *L'Ermitage d'illusion*.

dit aussitôt, sans plus réfléchir, que cette sente étroite était la seule que j'eusse envie de suivre sans me contraindre, la seule où je n'aurais pas bronché. Dès l'ouverture, dès le premier « coup d'archet » : « *Mois et jours sont passants perpétuels, les ans qui se relaient, pareillement sont voyageurs. Celui qui sur une barque vogue sa vie entière, celui qui la main au mors d'un cheval s'en va au-devant de la vieillesse, jour après jour voyage, du voyage fait son gîte*», j'étais entraîné, « *lambeau de nuage cédant à l'invite du vent*», prêt, dans cette acceptation, à toutes les haltes, à tous les passages, et même aux séparations (comme on est entraîné, si souvent, par ce voyageur d'une autre sorte, plus mélancolique, qu'est Schubert). Nulle révolte, ici, contre les pères ; mais la vénération de ce que le passé a eu de pur, comme telle stèle de mille ans qui, « *dévoilant l'esprit des Anciens*», tire des larmes au voyageur. Choses qui pourraient figurer à mes yeux les piquets d'une vaste tente, ou les points d'attache d'une toile d'araignée (c'est Joubert qui écrit que « *le monde a été fait comme la toile d'araignée*»). L'absolue merveille de cette prose, de cette poésie, est qu'elle ne cesse de tisser autour de nous des réseaux dont les liens, toujours légers, semblent nous offrir la seule liberté authentique.

*

Sur le jeune figuier épargné par l'incendie, une première feuille verte, tel un nouveau phénix.

Plus que jamais est-on tenté de redire, après Silesius : « *Dieu est le vert des prés.* »

*

Si je recentre mon attention sur ce qui m'importe vraiment, peut-être me découvrirai-je porté à limiter mes efforts à une dernière louange, à quelques autres « *paroles ailées* », au-delà ou en dehors de tous les débats imaginables, de tous les labyrinthes que se bâtit l'esprit. Que passent dans le ciel intérieur, en troupes claires, ces journées de septembre, que batte des ailes cette fin d'été, empennée de vert neuf. Rien que cela. Porté par cet air frais, laissant tomber tout le sec et le mort qui, peu à peu, prépare la résurrection. Conseillé seulement par une fenêtre ouverte, et le regard conduit jusqu'à la limite blanche entre les dernières terres bleues et le ciel, vers cette farine. Comme si le maître invisible de l'automne était meunier.

*

Relecture de *L'Idiot.* Le « *rire clair et frais* » d'Aglaé qui éclate après une succession de cauchemars est, rigoureusement, l'irruption du torrent.

*

Peut-être me faudra-t-il reconnaître un jour que Beckett a dit la vérité même de notre temps ? Une clownerie funèbre. En le relisant, je ne puis m'empêcher de penser à Kafka et à l'espèce de tendresse qu'il vous inspire. Ici, un pas de plus est franchi dans la noirceur. Mais n'y a-t-il pas une outrance qui affaiblit le propos ? L'exclamation de Hamm, dans *Fin de partie* : « *Tu empestes l'air* », exprime un refus délibéré du monde qui ne peut que me paraître aberrant. Le mur que regarde Clov est un mur plus mur encore que celui dont parle Hippolyte dans *L'Idiot*.

Quand Clov regarde dehors, il voit seulement qu'il fait gris, même pas noir ; ce qu'il y a de pire : de la cendre. « L'infini du vide. » Une sorte de parti pris du néant. Avec la force et la faiblesse des partis pris.

*

« La Vallée d'Oberman ». Réticent à l'égard de Liszt, je ne suis pas sûr que j'aurais écouté cette pièce des *Années de pèlerinage* d'une oreille aussi favorable si elle avait porté un autre titre. J'ai pris conscience, récemment, du pouvoir de ces quelques mots sur mon esprit. (Je ne savais même pas, jusqu'à hier, s'il s'agissait vraiment de l'Oberman de Senancour, ou d'un nom de lieu.) Il y avait donc là le mot « vallée » qui, à lui seul, créait en moi une ouverture et un mouvement ; mais qui, seul, eût été trop général pour me retenir. Or, c'était la vallée d'Oberman, c'est-à-dire une vallée liée dans mon esprit à l'Allemagne ou à la Suisse alémanique, une vallée comme celle où pourrait couler la musique de Schubert, marcher son voyageur, ou le héros de *L'Arrière-été* de Stifter. Une vallée avec une cascade transparente et le bruit de la cascade ; baignant, verte et brune — herbes et rochers —, dans un contre-jour, un brouillard de lumière brillante au-devant duquel iraient les pas. Je rééécouterai cette œuvre ; peut-être n'évoque-t-elle nullement ces images, et cela n'en vaudrait que mieux pour la musique. Peu importe. Ce qui compte pour moi, ce sont ces images, cette vaporisation de la lumière qui m'est venue de l'horizon comme un vieil appel, où il se peut que soient mêlés — mais ce n'est pas indispensable — quelques débris de souvenirs d'enfance, quand il m'arrivait encore de passer quelques jours à la montagne. Malgré Oberman, nulle mélancolie n'en ternit l'éclat. La vallée, verdoyante, le berceau bordé de rochers, veillé par de la neige, peut-être — ou peut-être pas, si l'on est en plein été et que les montagnes ne sont que des préalpes —, l'élan vers le lointain éblouissant et la cascade, à droite du voyageur qu'entraîne heureusement la pente, comme un bâton d'eau qui le guiderait.

*

Friedhelm Kemp me fait découvrir un texte de *Humain, trop humain* intitulé : « Et in Arcadia ego », texte qui dit de façon si dense et si puissante, en 1878, une expérience autour de laquelle nombre des miens ont tourné que, l'eussé-je connu plus tôt, j'aurais pu m'en économiser les souvent laborieux détours ; ce qui, faut-il le préciser, n'est pas tout à fait vrai… :

« *Je regardais à mes pieds, au-delà des vagues des collines, dans la direction d'un lac vert de lait, à travers des écrans de sapins et de pins vénérables : autour de moi, des débris de rochers de toute sorte, le sol foisonnant d'herbes et de fleurs. Un troupeau sous mes yeux se déplaçait, s'allongeait, s'étirait ; des vaches isolées et, plus loin, en groupes dans la très vive lumière du soir, à côté de la forêt de conifères ; d'autres plus près, plus sombres ; tout cela dans le calme et la satiété du soir. Ma montre indiquait près de cinq heures et demie. Le taureau du troupeau était entré dans le torrent blanc d'écume et remontait lentement, rétif et docile tour à tour, son cours précipité ; il devait y trouver une sorte de farouche plaisir. Les bergers étaient deux créatures basanées d'origine bergamasque ; la fille vêtue presque comme un garçon. À gauche, des escarpements rocheux et des champs de neige au-dessus de larges ceintures de forêts, à droite deux énormes pitons couverts de glace, flottant, très haut, dans le voile vaporeux du soleil. — Tout cela grand, tranquille, lumineux. La beauté de l'ensemble donnait le frisson et invitait à une muette adoration de l'instant qui la révélait ; sans le vouloir, comme si c'était la chose du monde la plus naturelle, on imaginait dans ce monde*

*de lumière pure et vive (où il n'y avait place ni pour
la nostalgie, ni pour l'attente, pour aucun regard en
arrière ou en avant), des héros grecs ; on ne pouvait
pas ne pas retrouver le sentiment de Poussin et de son
élève : héroïque à la fois et idyllique. — Or, c'est ainsi
que certains hommes ont su également* vivre, *ainsi
qu'ils se sont* sentis *dans le monde et ont senti le monde
en eux, durablement ; parmi eux, l'un des plus grands,
l'inventeur de la manière héroïque-idyllique de philo-
sopher : Épicure.* »

*

Dans les *Carnets de l'Idiot*, ces quelques mots
jetés sur une page : « *Chaque herbe, chaque pas, le
Christ* », où il pourrait y avoir la clef d'une réponse
au nihilisme véhément d'Hippolyte.

*

Pensé à Henri Thomas, à la carte postale que
je lui ai envoyée, d'un lécythe figurant une jeune
fille à la lyre.

Est-ce que l'image de cette image peut aider ?

Est-ce qu'aucune libation peut abreuver l'esprit
dans ces parages-là ?

Est-ce que l'image de la jeune fille, ou l'image
de la lyre entre ses mains,

ou sa présence, et de ce corps pareil à une
lyre, peut secourir le vieil homme là où il est ?

Ou si la chimie de Morphée est seule efficace ?

*

Un rêve, entre plusieurs ; ou plutôt, un détail qui m'a paru digne d'en être retenu. Que la mort, me disait-on ou me disais-je à un moment de ce rêve plein de péripéties diverses, était cette porte que je voyais devant moi, sauf erreur dans le mur d'une sorte de sous-sol, une porte presque carrée, massive, faite de planches solides, que je voyais alors s'ouvrir sur une seconde porte analogue, peut-être couverte de quelque plante grimpante comme du lierre et qui, elle, ne s'ouvrait pas, n'allait sûrement jamais s'ouvrir.

*

Quelles paroles ont-elles encore le droit d'être prononcées à l'oreille d'un mourant, ou simplement de l'angoissé qui ne peut espérer aucun retour en arrière ? Il y faut la plus grande convenance, à coup sûr ; et pas la moindre fioriture (encore que le mot vienne de fleur).

N'est-ce pas la question la plus grave de toutes ?

Maintenez la lumière. Quand les yeux commencent à n'y plus voir, ou rien que des formes floues, rien que des ombres, changez-la en sons, produisez des sons qui la maintiennent radieuse dans l'ouïe. Si l'on devient sourd, faites-la passer par le bout des doigts comme une étincelle.

Pensez que de ce corps de plus en plus froid est en train de fuir à tire-d'aile une figure invisible dont les oiseaux ne sont que les turbulents reflets dans notre monde.

*

Rûmi, dans les *Odes mystiques* :

« *Les feuilles, telles des missives, portent des signes verts.* »

ou :

« *La parole est ce vent qui a été de l'eau,*
Elle redevient eau, après avoir jeté son masque. »

*

En relisant ce que j'ai écrit à propos du col de Larche, je me dis : tout cela n'est qu'une bulle de savon faite de mots ; tant qu'on est à l'intérieur, on la croit vraie et durable. Est-ce un peu plus qu'une bulle irisée ?

(Mais quand Rûmî écrivait : « *La vie éternelle rayonne sur les feuilles du jardin* », il n'y avait sans doute pas moins d'insoutenable autour de lui, qui notait cela, qu'aujourd'hui autour de n'importe quel poète conduit à douter de la réalité de la lumière et de la légitimité de la parole, au point de rougir d'être qualifié de poète.)

*

Un croissant de lune extrêmement mince, aigu — et le blanc absolument pur de quelques fleurs, à demi refermées, d'églantines. Cela fait comme deux rimes.

Hameçon cristallin.

*

Les églantiers, une fois de plus ; dont je ne parviendrai sûrement pas à dire quoi que ce soit que je n'aie déjà tenté de dire : blancs, roses, saumon même, avec leur centre doré, leur simplicité parfaite, leur fragilité : l'enfant, la petite fille, l'ange peut-être.

Qu'ils bâtissent des arches légères : montée et retombée, et qu'ils sont la grâce même, rustique. Particulièrement émouvants sur les rochers, là où ils ornent, en buisson, les ruines sombres des chênes brûlés par l'incendie — comme une main de jeune fille posée sur de très vieilles pierres ; dans le forum des chênes.

Ou s'ils montent dans le feuillage d'une yeuse, presque noir — comme je l'ai noté déjà à propos d'un cyprès — stèle parfaite et la plus souhaitable — la montée de la grâce autour de ces colonnes funèbres ou simplement obscures — sans bruit ni poids ni profondeur — comme une ronde ? — ou comme les couples de papillons au printemps volant de plus en plus haut ?

*

Récit de la *Pentecôte* : le bruit d'une rafale de vent qui annonce ou accompagne le prodige des langues de feu, l'Esprit comme souffle et comme flamme, ce qui permet d'être compris universellement. On est loin de compte, aujourd'hui. Presque partout, le feu ne fait plus guère que détruire.

*

Déjà presque passées, les églantines. Brèves, donc, frêles dans leur fouillis d'épines. Pourquoi appelle-t-on la plante « rosier de chien ? » Je l'ignore. Le mot « églantier » vient d'*acus*, acéré, par *aquilentum*. Mes parents ont eu une servante prénommée Églantine que nous aimions beaucoup. Ils ont d'ailleurs continué à la voir jusqu'à sa mort, car elle est morte avant eux. Elle avait le visage rond et rose d'une pomme, elle était fine et chaleureuse. Elle avait épousé un postier très maigre, au visage coupant, qu'on aurait volontiers comparé à un corbeau, l'aspect aussi funèbre que celui d'Églantine était gai, printanier, avenant.

Rien à voir avec ces fleurs qu'on a à peine le temps d'apercevoir et de louer. Enfantines. Parures enfantines des arbres, des sous-bois. Et tout à fait sauvages. Sources des roses.

Je vais à Ventabren à pied, en longeant le bas de la colline, fleurie d'aphyllantes, de genêts, de marguerites. Celles-ci, comme, passant devant elles, je songe aux églantines, tellement différentes, bien que de la même couleur ou peu s'en faut. Un peu bêtes, un peu plates, opaques comme de petites assiettes avec un jaune d'œuf au milieu, un peu raides aussi. À croire que certaines fleurs « donneraient sur » autre chose, et que d'autres seraient muettes, ou fermées. Tout cela n'est vraiment pas sérieux.

*

Fleurs de l'églantier : brèves et fragiles, une monnaie qui n'a pas cours longtemps, image néanmoins de la seule obole valable pour passer sur l'autre rive ? Celle qu'on ne peut pas garder serrée dans la main, où elle se flétrirait aussitôt ; thésauriser, moins encore. Ce sera comme si, un jour, on se souvenait d'avoir entendu une parole murmurée ou, plus simplement, dite à quelque distance de vous, quand on passait quelque part. On pourrait même imaginer un condamné à mort marchant vers le lieu d'exécution et à qui un tel signe, qu'il saisirait sans presque avoir tourné la tête, permettrait d'avancer sans faiblir.

Ce blanc qui n'est pas un blanc mort, aseptisé, opaque ; ni le moins du monde froid. Je vois bien que je risque, en le poursuivant par la pensée, la rêverie, de retrouver les fleurs de l'amandier, du cognassier, du cerisier que je n'ai déjà que trop sollicitées. Mais le différent, c'est l'absence de tout lien avec des fruits futurs chargés pour nous de saveur, de substance ; c'est la sauvagerie absolue, la liberté, les épines — et la combinaison avec les autres arbres, également sauvages, sur lesquels il leur arrive de fleurir. Ornement et sauvagerie. Avec cela, presque rien n'en est dit.

*

Les liserons roses au ras du sol, dans les vignes : ces petites coupes, cette couleur tendre, comme à peine sorties et distinctes de la terre. Ces sceaux fragiles sur le secret du monde.

*

Ne pas oublier la serratule des teinturiers qui m'accompagnait en septembre dans mes jardinages comme un rouge-gorge, tout proche. Fleur un peu hirsute, frêle, malgré la raideur de sa tige, présence rose et sauvage particulièrement modeste, émerveillant on ne sait pourquoi. Ce presque rien, que la main du désherbeur épargne comme s'il s'agissait d'une chose rare et précieuse. Compagne de ce dernier été, avec les guêpiers dérobant leurs couleurs à la vue et leurs cris liquides — comme s'ils buvaient en volant — ou comme des sources ailées, mobiles, enjouées.

Le parfum de la feuille de menthe dans la main juvénile : c'est celle-ci plutôt que l'on respire, à la fois proche, à la toucher, et tellement lointaine, dans le froid qui tombe après le soleil couché et vous surprend, le froid de l'hiver imminent.

*

À retenir cet apologue du *Livre de l'épreuve* d'Attar : « Une vieille femme dépourvue et blanchie par les ans se tenait à la porte du cimetière. Sur un lambeau d'étoffe qu'elle avait entre les mains, elle avait cousu plus de mille points. Chaque fois qu'un mort était déposé, elle faisait une marque. Qu'il en soit déposé un ou dix, pour chaque mort, elle en faisait une. Comme la mort survenait à tout instant, ce haillon était couvert de millions de points.

Un jour, la mort sévit si lourdement que l'affaire de la vieille se gâta. Tant de cadavres furent à la fois déposés devant elle qu'elle s'embrouilla. Débordée, elle poussa un cri, cassa le fil et brisa l'aiguille ! "Je n'ai que faire de ce travail ! s'exclama-t-elle. Jusqu'à quand serai-je ainsi, un fil et une aiguille à la main ? Désormais je n'userai plus de cette aiguille et jetterai au feu ce haillon ! Cette question qui sans cesse me tourmente, comment obtiendrait-elle réponse d'une aiguille et d'un fil ? Qu'il me soit procuré, comme à la sphère céleste, le tournoiement éperdu! Ceci n'est pas une affaire de fil et d'aiguille!"

À toi, inconscient et léger, jamais ces paroles ne te parviendront à l'oreille! Car, si tu percevais une seule de ces paroles, le linceul deviendrait sur ton dos ta chemise!

Ceci n'est pas une affaire de fil et d'aiguille!»…

C'est d'abord l'image de cette vieille femme cousant au seuil d'un cimetière, puis celle de ce haillon couvert de points, qui m'a parlé; c'est-à-dire l'image d'une tâche quotidienne, comme il en est une autre, si belle, dans l'un des plus légitimement fameux sonnets de Ronsard :

> « *Lors vous n'aurez servante oyant telle nouvelle,*
> *Desja sous le labeur à demy sommeillant… »*

une tâche qu'il nous semble que nous ayons vue nous-même dans un lointain soir d'enfance, indépendante du sens qu'Attar a voulu lui donner.

Ce sens, je ne sais — ignorant que je suis de la pensée de l'ancienne Perse — si je le trahis gravement en imaginant ce que pourrait nous dire aujourd'hui encore cet apologue : à savoir que le souci de la mort, que l'horreur des milliers et des milliers de morts accumulées depuis le commencement de l'histoire, n'est pas une affaire de comptabilité, à laquelle s'useraient bientôt les doigts les plus patients, l'âme la plus vaillante, à laquelle ne suffirait pas, d'ailleurs, une surface de toile grande comme l'univers ; mais que la seule réponse à lui opposer serait la danse sacrée qui répond au tournoiement silencieux du ciel nocturne ; ou, pour nous autres, plus modestement, puisque nous ne dansons plus en derviches, la poursuite de l'écoute du monde et de sa traduction sur le tissu de la page, en laquelle nul ne songerait plus alors à voir un linceul.

*

La paume qui durcit, où l'os devient pierre ; comme affleurent les rochers dans une combe tendre. On se rapproche de la pierre ; l'os commence à se manifester, à montrer sa force, et la façon dont il l'emporte, à la fin, pour longtemps. Pas pour toujours. C'est la mort qui gagne en nous, non comme un fruit, ainsi que l'a rêvé Rilke : comme une pierre. Le vêtement, quant à lui, s'éraille, s'effiloche. Voilà au moins des certitudes sur quoi fonder ; ou, au contraire, renoncer à fonder quoi que ce soit.

*

Le sentiment, de plus en plus aigu, du manque de temps, la hâte. Les feuilles ensoleillées, de plus en plus rares — comme on ferle les voiles. Ces dernières feuilles font une espèce de feu sous la pluie, qui ne réchauffe que peu. Grincement des branches, grincement des os ; comme celui des cloisons d'un bateau dans la houle grise, froide, menaçante de l'océan. Que ces eaux aveugles, à l'infini, m'ont paru hostiles, à force d'indifférence! Sur la houle des montagnes, on peut au moins poser le pied. Là, c'était comme autant de tombes prêtes à s'ouvrir, à bâiller, de fosses froides, sans fond; de linceuls inlassablement dépliés, repliés. Refusant à jamais le moindre cierge, la moindre croix, la moindre fleur. Des couleurs d'acier, de fer vert-de-grisé, de glace. Le moindre oiseau égaré là au-dessus était comme une petite flamme éclairant une cave. La lumière du soleil, à la rencontre de ces eaux, devenait cliquetis d'armes antiques, vieille épopée fatiguant la vue et l'esprit.

*

Entre deux pluies, quelques pas du côté du Lez. Il y a décidément mieux qu'une rime entre lierre et pierre; quelque chose, dans cette plante noueuse et sombre, l'attache, aux deux sens du mot, à des choses très anciennes, aux vieux murs, aux ruines; à de l'humain, qu'elle envahit et protège à la fois, et qu'elle orne. Cela nous semble beau moins par un rappel du passé que par une sensation de force, de stabilité, de durée. Colliers verts, chaînes ou cordes vertes.

Le lit de la rivière, considérablement élargi par les inondations de ces dernières années, apparaît, dans cette lumière de janvier, très blanc, comme si elle avait charrié de très vieux ossements devenus poreux. Un ossuaire que laverait

et polirait sans relâche une eau rapide et abon-
dante.

C'est, déjà, parce que l'herbe est plus verte
que d'ordinaire au commencement de l'année,
le moment des ombres presque imperceptibles
sur elle — légères comme le geste évoqué par
Rilke sur les stèles attiques dans la *Deuxième
élégie* : paroles qui n'ont pas plus de poids que
ces ombres, mais autant de pouvoir presque invi-
sible qu'elles. Ainsi la lumière agit-elle quel-
quefois, ainsi écrit-elle sur le sol les dernières
paroles qui comptent encore pour nous.

*

Mozart, *Sonate en la pour piano et violon* : je ne
suis pas surpris qu'Einstein, le musicologue, parle
à son propos d'un dialogue de l'âme avec Dieu.
Dire les choses ainsi est mal les dire ; mais désigne
à tout le moins l'altitude où cette musique, dans
l'adagio, vous conduit. On pourrait dire aussi
que, s'il n'y a pas de Dieu, ni de dieux, et s'il n'y
en a jamais eu, pareille musique devrait en faire
naître ; ou qu'elle semble les appeler, les convier,
comme Hölderlin le fait explicitement dans « *Der
Gang aufs Land* » ; mais implicitement, comme
ici, c'est encore plus probant. On pourrait même
aller plus loin : dans cette musique, ils ont répondu
à l'invitation.

*

La serratule : comme une poussière de fleurs, comme des fleurs faites d'une poussière rose ; avec quelque chose de rugueux, de haillonneux, de déchiré. Couleur mendiante ? Elle, alors : une merveilleuse mendiante.

*

Herbe vue à contre-jour, naissante encore, peu dense, fine et droite : presque un filtre, une harpe... ou, tout près de la terre, ma dernière lyre. Pour faire entendre la lumière du soir qui est comme dorée, dans les rafales du vent déjà froid.

*

La lumière de la fin du jour, d'avant le crépuscule, en ce début de mars, est pareille à une aile qui battrait dans les arbres, à une colombe. Les troncs, les rameaux encore nus la réverbèrent et l'enracinent. Pendant que l'éphémère murmure, a l'air de me parler, à mots couverts, en blanc et en rose. La parole de l'infime et de l'écume. Le jour où l'on se dit : tu n'entendras plus telle parole très souvent, même en mettant les choses au mieux. Alors, sa pointe s'aiguise, déchire et guérit, irrémédiable. Il faut l'écouter d'autant mieux, tendre l'oreille à travers les cris de haine, les claquements de fouets.

*

Noté, en réécoutant, sauf erreur, le *Requiem* de Mozart, l'idée, je ne sais plus exactement pourquoi, d'un « trait » passant rapide au-dessus de tout, comme l'oiseau blanc, l'aigrette de l'étang l'avait fait à Saint-Blaise, autrefois ; mais cette fois-ci, je l'imaginais dans le ciel du Jourdain.

Une flèche ? Un bruit rapide, très haut, ce qui ne l'empêchait pas d'être quelque chose de très réel, de très ferme, fugace et réel : comme une signature ? un paraphe ? Un trait de fer, de foudre — mais qui, loin de détruire, eût signé au-dessous d'une sorte de promesse blanche.

*

Lune de novembre, luisante et froide, et sur le sol, en liasses épaisses, les feuilles du plaque-minier.

La lune de Leopardi : « *Che fai, luna, in ciel ? dimmi, che fai, / silenziosa luna…* » Comme j'ai aimé ce début de poème, comme je suis heureux de le réentendre cette nuit, ouvrant des chemins plus profonds que ceux que fraie dans la réalité la lumière de l'astre réel !

*

473

La lune visible en plein ciel dans l'après-midi presque tiède, une tiédeur périlleuse au mois de janvier. Comme un ongle, ou une lanterne de papier. Une visiteuse nocturne égarée dans le jour. Un pétale de cerisier avant la saison. Lumière à l'intérieur de la lumière.

*

La pleine lune à la fin du jour : largement payée ainsi, par cette monnaie d'ivoire, la besogne du jour, la longue besogne d'une vie.

*

Promenade à la montagne des Ventes, au-dessus de Comps. Le premier vert des champs entre les haies. L'église est de pierre à peine moins verte ; on dirait une grange, ou aussi bien une sorte de phare trapu. Marquant un centre en ce lieu de collines, un moyeu.

Dans le vallon, les eaux sinueuses du Lez brillent dans la roche polie comme de la lumière qui aurait lentement, patiemment fendu les rochers. La vraie voie, la plus fraîche, et sans tache.

*

Nuit. Grouillement des étoiles, d'autant plus frappant qu'encadré, bordé ou traversé de nuages vaguement lumineux. Le mot «jeune fille» me vient à l'esprit, à cause de la rime à «brille», mais pas seulement pour cela.

Ce qu'on retrouve ainsi par mégarde et qui ne vous troublait plus guère. La ruche. On n'a pas d'âge devant cela. Ou on se l'imagine.

*

Enfants jouant aux osselets avec les restes des ancêtres : «pensée» entre veille et sommeil. Autres images de choses frêles, creuses. Dés ou dominos de la mort. Fétus. Corps vidés de leur substance. Le refus d'y penser, de penser à ce qui vous attend, la fuite devant cela. Une sorte de tremblement, pourtant, qui vous saisit à l'improviste, une vague, légère, discrète peur cachée, dans les jambes plus que dans la tête (croit-on).

Masses de verdures, masses de nuages ; désordre du ciel, au moins apparent.

*

Rapidité de ces jours, comme si vraiment ils fuyaient, vous échappaient, quand même on n'en tire pas tout à fait rien. Comme des chevaux échappant au cocher? C'est la première image qui vous vient à l'esprit, mais elle est fausse. Ce n'est pas une affaire de fougue, de sauvagerie.

Feuilles et oiseaux emportés dans la même direction par le vent violent, inlassable. Comme s'ils provenaient d'un même foyer. Et comme les jours.

Comme si ceux-ci fuyaient de plus en plus vite, même. Comme l'eau d'une baignoire qui se vide, attirée qu'elle est irrésistiblement par le bas. Cette impression tient-elle à ce qu'ils perdent de leur réalité, de leur saveur, à mesure qu'ils s'anémient ? Peut-être. Tout finirait alors par une histoire de spectres dont les mains ne retiendraient plus que des ombres de choses.

Mais c'est encore trop beau. Car nous ne finissons pas aussi aisément emportés que des feuilles.

*

Tous les roses, toutes les roses de l'hiver, nuages, feuillages et fumées, épanouis dans le froid quand le soleil s'apprête à disparaître à l'horizon. Relais brûlant transmis. Sceptre passé de main en main, furtivement, serait-il rien qu'un bâton que le rose du soir enflamme. Ne le lâchez pas trop tôt.

VI

APRÈS 2000

ET, NÉANMOINS

Ayant rayé le titre

« Devant le dieu à gueule de chien noir »

Beau titre, ai-je pensé
quand il m'est venu dans la nuit,
belle et noble image.

Mais cette nuit je ne suis pas dans un musée,
le noir devant moi ne s'orne d'aucun or
et si j'affronte un chien, ce ne sera qu'un chien
    de ce monde,
prêt à mordre.

Il n'y a pas non plus de barque funéraire à quai,
pas de ciel au-dessus,
pas de vieux sphinx pour assurer l'équilibre.
Il y a seulement des murs de toutes parts comme
    n'en ont que les tombes.

J'entends bien la rumeur des sages qui dissertent
    sans fin dans de hautes salles,
mais je ne peux pas plus y pénétrer qu'un âne
    dans un temple.

C'est à cause des caves sous les ruines
où je n'ai pas été contraint de m'enterrer pour
    survivre
avec les rats
que je parle aujourd'hui ainsi
comme si ce n'était plus moi qui parlais
mais quiconque va finir par s'effondrer dans la
    boue.

Il y a eu tout de même, un certain jour,
qui flottait dans l'église avec l'encens
cette musique à nommer divine
— divine parce qu'elle vous devançait avec ses
    clefs à la ceinture —
mais qui l'entend encore
si tout devient pareillement étroit et noir
et celle-là si lointaine et débile, ou peu s'en
    faut?

À cause des amis coincés dans la nasse, au fond
    de l'eau,
là où le jour n'atteint plus.

« Devant le dieu à gueule de chien noir »

Autant rayer, parvenu ici, les beaux titres,
autant laisser, peut-être, inachevé le livre
ou l'interrompre
au milieu de la page écrite seulement de larmes,
désarmées.

Là où le plus beau livre
n'est qu'un peu durable abri.

Après qu'on a lâché ses cannes.

Soutenu à grand-peine par des femmes, par des
    sœurs habillées de patience —

si d'autres, invisibles, tardent à les relayer
on tombera, cette fois, tout de bon.

Si la lumière qu'on tenait encore dans sa main
    casse,
les pieds nus ne pourront que s'écorcher sur les
    tessons.

Si même la lumière casse.
Si les murs se resserrent.

Si le chien noir qui n'est pas un dieu aboie.

S'il vous mord.

Arrivés là
il faudrait inventer une sœur, ou un ange,
comme personne jamais n'a pu en inventer.

Il faudrait, pour levier à soulever pareille dalle,
une lumière dont on a perdu le nom pour la
    héler.

Rouge-gorge

Les soirs d'hiver, qui s'enflamment presque tendrement, comme une joue, tandis que dans les hauteurs, le ciel atteint la plus vive transparence : tout près de n'être plus rien, puisque à travers lui on ne voit pas autre chose ; et pourtant... Je repense au vers de Nerval qui rapproche la sainte et la fée : verrais-je ici, dans mon jardin, la transfiguration de la fée encore rose, encore incarnate, en sa propre âme toute pure et sans plus de poids ? Ce serait trop beau, trop conforme à mes rêves. Je crois qu'il y a là plutôt quelque chose comme une eau très pure.

Travaillant au jardin, je vois soudain, à deux pas, un rouge-gorge ; on dirait qu'il veut vous parler, au moins vous tenir compagnie : minuscule piéton, victime toute désignée des chats. Comment montrer la couleur de sa gorge ? Couleur moins proche du rose, ou du pourpre, ou du rouge sang, que du rouge brique ; si ce mot n'évoquait une idée de mur, de pierre même, un bruit de pierre cassante, qu'il faut oublier au profit de ce qu'il évoquerait aussi de feu apprivoisé, de reflet du feu ; couleur que l'on dirait comme amicale, sans plus rien de ce que le rouge peut avoir de brûlant, de cruel, de guerrier ou de triomphant. L'oiseau porte dans son plumage, qui est couleur de la terre sur laquelle il aime tant à marcher, cette sorte de foulard couleur de feu apprivoisé, couleur de ciel au couchant. Ce n'est presque rien, comme cet oiseau n'est presque rien, et cet instant, et ces tâches, et ces paroles. À peine une braise qui sautillerait, ou un petit porte-drapeau, messager sans vrai message : l'étrangeté insondable des couleurs. Cela ne pèserait presque rien, même dans une main d'enfant.

Cependant vous parvient aux oreilles, par intermittence, le bruit discret, comme prudent, des dernières feuilles du figuier ; celui, plus ample mais plus lointain, des hauts platanes d'un parc ; c'est la rumeur du vent invisible, le bruit de l'invisible. À l'abri duquel le rouge-gorge et moi vaquons à nos besognes. Lui, le porte-lanterne, l'imprudent, si rôde un chat.

Cet oiseau piéton, que l'on est tellement tenté d'imaginer amical et même complice, tout à la fois tranquille et comme timide, moins espiègle que beaucoup d'autres ; cet oiseau proche en qui l'on verrait volontiers l'âme réincarnée d'un enfant ami des branches souples du figuier et de la terre soigneusement peignée par le râteau, je ne vais pas rêver qu'il me serve jamais de guide à la fin du jour, ni qu'il me soit du moindre secours quand j'aurai besoin de secours. C'est aujourd'hui, c'est hier qu'il m'a aidé, sans d'ailleurs se préoccuper plus que cela de moi, malgré les apparences ; simplement en étant là, vivant, visible sous le ciel visible et vivant, avec la drôle de parole involontaire de sa tache rouge que j'ai lue avec surprise, comme j'en ai lu tant d'autres, sans mieux les comprendre. C'est donc aujourd'hui, sans attendre, qu'il me faut noter, tel que je l'ai reçu, ce message — qui n'en est pas un ; tant que je suis en état de le faire. Bien décidé d'avance à rompre, si possible, avec le loqueteux qu'on finira par devenir, à lui retirer d'avance la parole, lui refusant tout droit à obscurcir de ses hoquets ce qu'il m'aura été donné de faire rayonner avant sa misérable entrée en scène. Qu'on l'aide, alors, lui, l'infortuné, comme on doit et peut aider les malades ; mais que tout cela reste une affaire privée, dont rien ne filtre au-dehors ; et qu'aucune ombre de cette sorte-là, venant de moi, réduit après tous les autres à la débâcle, ne vienne rétrospectivement altérer la limpidité du monde tel que je l'aurai vu tant de fois en ayant encore, comme on dit, « tous mes esprits ». À la putréfaction, il faut refuser la parole. Non pas la nier ; mais la réduire au peu qu'elle est. S'acheminer vers son propre cadavre n'est pas gai ; il faut le plus souvent franchir là des

491

étapes presque, ou même tout à fait infernales. Mais le vivant a d'abord été vivant, un rouge-gorge a eu l'air de lui parler, une très petite boule de plumes avec un cœur ; un réseau beaucoup moins visible qu'aucune toile d'araignée reliait ce peu de chose au bruit des feuilles sèches sur les dalles d'une terrasse, à la rugueuse et friable terre qui n'avait déjà plus sa chaleur d'été (comme la main qui la travaillait), à l'ombre sous les arbres, à la lumière pâle au-dessus d'eux ; ce réseau était-il un piège dont la mort prochaine de l'oiseau, celle à peine moins prochaine de celui à qui il tenait compagnie eussent été le centre ? Sur le moment, si j'avais pensé (mais il y avait mieux à faire), j'aurais probablement imaginé que le centre de la toile invisible ne pouvait être un monstre noir, que tous les éléments qu'elle tenait ensemble pour un instant parlaient, pariaient pour le contraire. Il faut réserver le droit de la parole à ce qui vit. « Laissez les morts ensevelir leurs morts. » Cette parole n'est pas nécessairement dure. Elle pourrait signifier : « Laissez les ténèbres à leurs ténèbres, et allumez la lampe qui conduit au lever du jour. »

Aux liserons des champs

(Encore ?

Encore des fleurs, encore des pas et des phrases autour de fleurs, et qui plus est, toujours à peu près les mêmes pas, les mêmes phrases ?

Mais je n'y puis rien : parce que celles-ci étaient parmi les plus communes, les plus basses, poussant à ras de terre, leur secret me semblait plus indéchiffrable que les autres, plus précieux, plus nécessaire.

Je recommence, parce que ça a recommencé : l'émerveillement, l'étonnement, la perplexité ; la gratitude, aussi.)

« Fleurs des talus sans rosée, pitoyables au voyageur, qui le saluez une à une, douces à son ombre, douces à cette tête sans pensée qu'il appuie en tremblant contre vos visages, signes, timide appel [...], vous tout autour de l'année comme une couronne de présences [...], l'épi du sainfoin rose, la scabieuse de laine, bleue comme le regard de mon ami perdu, la sauge, la sauge de novembre refleurie et la brunelle, vous que je nomme et vous que je ne sais plus nommer... »

Le début de cette litanie de Roud à la gloire des fleurs m'est revenu souvent, ces derniers étés, quand je marchais sur des chemins plus poussiéreux que ceux du Jorat, mais au bord desquels il y avait aussi des sauges et, plus rarement, des scabieuses ; mais où c'étaient d'autres fleurs qui me touchaient, et d'une autre façon. J'aimais cette litanie, ce salut d'un marcheur infiniment plus solitaire que je ne l'ai jamais été à ces sortes de frêles compagnes qui avaient paru quelquefois, à lui aussi, murmurer quelque chose comme une consolation ou un conseil. Mais je n'aurais pas pu la reprendre ; en moi, les choses et les mots joignaient moins bien ; les notes ne pouvaient être tenues aussi longtemps ; le souffle était plus court, plus contrarié, combattu.

De surcroît, je ne pouvais plus m'imaginer, comme Roud, que ces fleurs, ou d'autres fois des oiseaux, eussent quelque chose à me dire comme le feraient des messagers ; je n'aurais pas su qui les eût chargées d'un message, pour moi ou pour n'importe qui.

Et pourtant, j'aurais été tenté de dire que s'exprimait en elles un langage involontaire, sans personne au-delà d'elles pour le leur souffler : comme un rappel, pour moi, d'un état antérieur, d'une sorte d'origine ; comme si elles avaient pu fleurir telles quelles dans le premier des jardins.

À moins qu'elles ne fussent comme ces exemples dont un maître d'école parsème son propos pour faire comprendre même aux enfants les plus obtus quelque chose de complexe, de caché, d'abstrait. (« Voyez les lys des champs, qui ne travaillent ni ne filent… » — mais mes fleurs à moi s'ouvraient pour une leçon tout autre.)

Ce qui s'ouvre à la lumière du ciel : ces fleurs, à ras de terre, comme de l'obscurité qui se dissiperait, ainsi que le jour se lève.

Les liserons des champs : autant de discrètes nouvelles de l'aube éparses à nos pieds.

Autant de bouches d'enfants disant « aube » à ras de terre.

Ou de modestes coupes à nos pieds, pour y boire quoi ?

Liserons roses (ce sont sans doute ces « lys des champs, qui ne travaillent ni ne filent »), salués avant de ne plus le pouvoir, avant de dériver vers des eaux de plus en plus froides.

Avant que l'ombre de la mort ne passe sur eux comme un nuage froid.

Choses sans nécessité, sans prix, sans pouvoir.

Fleurs que pourtant je n'avais jamais vues plus proches, plus réelles, peut-être à cause du nuage imminent de la fin, comme on voit la lumière s'intensifier quelquefois avant la nuit.

Fleurs proches, à en oublier la fin du parcours, quand le marcheur comprend enfin que, même si le chemin le conduit toujours chez lui, il le conduit aussi, inéluctablement, aussi loin que possible de toute maison.

Toute fleur qui s'ouvre, on dirait qu'elle m'ouvre les yeux. Dans l'inattention. Sans qu'il y ait aucun acte de volonté d'un côté ni de l'autre.

Elle ouvre, en s'ouvrant, autre chose, beaucoup plus qu'elle-même. C'est pressentir cela qui vous surprend et vous donne de la joie.

Alors même qu'il vous arrive désormais, par instants, de trembler, comme quelqu'un qui a peur et qui croit, ou prétend ne pas savoir pourquoi.

Liserons roses, ou l'une des plus pures paroles jamais entendues, en passant, dans une langue intraduisible (et pourtant ce ne sont pas du tout des paroles, ce ne sont les bouches de personne).

On aurait cru néanmoins des paroles entendues en passant, surprises en passant ; et qui, en chercherait-on l'origine, se tairaient aussitôt.

Hölderlin, dans «Le Rhin», et pensant aux fleuves, a écrit que ce qui « *sourd pur* » est « *énigme* ». Il en va exactement ainsi de ces fleurs ; leur lumière incompréhensible est l'une des plus vives que j'aie jamais vues.

Après tout, il se pourrait qu'on ne pût jamais en dire plus. Mais on l'emporte avec soi.

Si elle était moins une énigme, elle éclairerait moins.

Pour Hölderlin, ce qui « *sourd pur* », c'est le Rhin à sa source ; c'est l'origine, ce pourrait être aussi ce qui se lève à l'orient, l'aurore.

Claudel, à son tour, à propos d'une source : « *Ce qui est pur seul, l'original et l'immédiat jaillit.* »

À cette limite, qu'on ne franchira pas, sourd, ou éclôt le rêve des divinités.

Sources toujours à ras de terre, si proches, et les plus lointaines.

Chose donnée au passant qui pensait à tout autre chose ou ne pensait à rien, on dirait que ces fleurs, si insignifiantes soient-elles, le « déplacent » en quelque sorte, invisiblement ; le font, imperceptiblement, changer d'espace. Non pas, toutefois, entrer dans l'irréel, non pas rêver ; mais plutôt, si l'on veut, passer un seuil là où l'on ne voit ni porte, ni passage.

Et s'il y avait un «intérieur» des fleurs par quoi ce qui nous est le plus intérieur les rejoindrait, les épouserait?

Elles vous échappent; ainsi, elles vous font échapper : ces milliers de clefs des champs.

Pourrait-on en venir à dire que, si l'on voit, dès lors que l'on voit, on voit plus loin, plus loin que le visible (malgré tout)?
Ainsi, par les brèches frêles des fleurs.

Comme si un homme très voûté lisait un livre à même le sol.

Sa dernière lecture.

CE PEU DE BRUITS

Notes du ravin

À cinq heures et demie du soir, le jour dure. On voit au-dessus du mont Ventoux la couronne de pétales de roses de ceux que l'Égypte nommait « les justifiés d'Osiris », si belle dans les cheveux ou entre les doigts des morts dans les portraits du Fayoum. On comprend que c'est cette couleur rose, quelquefois aussi posée sur une robe, une étoffe légère, qui, de ces portraits, sans parler des regards, vous émeut le plus. Cette touche de rose ; cet épi rose dans la main des jeunes morts.

Le soir d'hiver dépose ces couronnes dans les arbres ou sur les nuages. Avant l'embarquement pour la nuit. Ce qu'il y aurait de meilleur à emporter là-bas, de toute une vie ?

*

Paraît la Lance, sous la première neige de l'année : quelques coulées de neige très blanche, dans des ravins, le sommet pris dans la grisaille des nuages, et une poussière de neige, plus bas, dans les forêts. La sensation d'un froid sans âpreté.

Du gris-vert, du gris-jaune, du blanc.

Une neige à peine neige, éparpillée sur ce mur au fond du paysage, une invite à monter marcher là-bas, comme vers une lointaine enfance. À monter se rafraîchir dans les plis de ces ravins. À se frotter les joues de ces tresses fraîches.

Sur tout ce fond, une drôle de couleur, jaune pâle, comme émanée d'une lampe faible allumée en plein jour.

Une lampe invisible à la lumière plutôt faible, un faible jaune colore ces lieux qu'avive un éparpillement, un poudroiement, un saupoudrage léger de neige.

D'avoir marché sous ces arbres, on aurait ses manches trempées ; mais nullement de ces larmes des poètes d'Extrême-Orient qui pleurent une absence ou une trahison.

*

La montagne enneigée rosie par le soleil couchant : un feu qui serait en bas de cendre grise et incandescent à la cime : flamme devenue candide à la rencontre du ciel.

Cela ressemble aussi à la lumière de la lune.

Montagne légère qui se change imperceptiblement en ange, ou en cygne.

514

Cela même, la lampe même qu'il ne faudrait jamais laisser s'éteindre, en arrière de soi. «Lumière perpétuelle» pour le repos des morts, au moins en nous.

*

Feu qu'on allume au-dessous du miroir froid du ciel : comme cette buée qui assure qu'on est encore vivant.

*

En passant devant l'une des dernières fermes restées des fermes, ici tout près : le petit verger à l'abandon, les murs délabrés en bordure du chemin, le grand noyer au-dessus de la Chalerne — pourquoi tout cela me semble-t-il si «vrai», c'est-à-dire ni aménagé, ni orné, ni truqué ? Ces pierres usées, tachées, prêtes à retourner au sol d'où on les a extraites, ces très vieux arbres cassants, hirsutes, qui ne produiront plus que des fruits acerbes — et l'eau, sans jamais aucun âge.

*

Jour de janvier, ouvre un peu plus grands les yeux,
fais durer ton regard encore un peu
et que le rose colore tes joues
ainsi qu'à l'amoureuse.

Ouvre ta porte un peu plus grande, jour,
afin que nous puissions au moins rêver que nous
   passons.

Jour, prends pitié.

*

Une buse monte en lentes spirales dans la lumière dure de l'avant-printemps. On taille le grenadier, dont les épines acérées vous éraflent les mains. Contre toutes les espèces d'absurdités qui, elles, vous feraient vous effondrer sur place.

*

« Rien n'est prêt… » : mots sauvés d'un vague sommeil, mais dont je sais qu'ils voulaient dire qu'on n'avait pas pensé à préparer ses bagages, qu'on continuait à avancer sans regarder devant soi, qu'on se payait de mots — comme ceux-ci.

Mais avec ça, quoi préparer ? Ou bien on va commencer à rôder, à trébucher dans l'irréel avec, de loin en loin, le secours d'incertains repères sauvés par la mémoire, et ce ne sera plus de toute façon qu'une histoire d'ombre entre des ombres ; ou bien, si l'on voit assez clair…

Je me suis interrompu sur ces mots, comme le cheval qui bronche devant l'obstacle, et recule. Puis, à tâtons, en plein désarroi, j'ai pensé de nouveau que, probablement, la plus haute musique, la plus fervente prière, arrivés là, dans la lumière glacée de la condamnation sans appel, nous rejoindraient moins sûrement que le mouvement presque silencieux du cœur, de ce qu'on appelle le cœur ; que ce serait la meilleure, humble et presque invisible, la presque seule obole ; même si elle ne nous ferait plus passer nulle part, puisque là cesserait toute direction.

*

En longeant la Chalerne : de petites cascades sous les arbres, dans les rochers ; un peu partout des violettes, des envols d'oiseaux ; et, au soleil de mars, une tendre chaleur.

Plus loin, l'eau brille presque sans couler, parce que la pente est devenue faible ; et les premières feuilles commencent à trembler au-dessus du ruisseau. L'eau tranquille brille par endroits : étincelles humides et fraîches, petites croix scintillantes qui, plus nombreuses, éblouiraient.

*

Vieillard au corps amaigri, à l'esprit troublé par la maladie et le chagrin, esquissant, rarement, une ombre de sourire, retrouvant des ombres de souvenirs, ombre lui-même, assis chez lui le dos tourné à la porte ouverte, au monde, à la lumière du printemps ; à la dernière neige de l'année.

À côté de lui, son compagnon de toute une vie, son cadet, jeté bas par le cancer, assommé :

un accidenté en pleine rue ou au bord d'une route ; un boxeur « sonné », frappé à la tempe, qui noircit.

Toute la misère humaine, quand on la touche du doigt, c'est comme une bête qui inspire une répulsion qu'il faut que le cœur endure et surmonte, s'il le peut.

*

Hommes perdus.

L'un est dans sa maison et ne sait plus qu'il y est, la confond avec une autre où il a peut-être vécu autrefois, peut-être pas, ne va plus qu'à tâtons entre les choses présentes, si peu présentes, et celles qui n'existent plus que dans sa tête fatiguée.

L'autre n'a plus qu'un rêve : revenir chez lui, retrouver sa maison ; mais, la retrouverait-il que ce ne serait plus, quoi qu'il en ait, sa maison ; irrémédiablement.

Parce qu'il est sur le chemin qui éloigne de toutes les maisons.

*

La dernière sonate pour piano de Schubert m'étant revenue hier soir, par surprise, une fois

de plus, je me suis dit simplement : « Voilà. »
Voilà ce qui tient inexplicablement debout,
contre les pires tempêtes, contre l'aspiration du
vide ; voilà ce qui mérite, définitivement, d'être
aimé : la tendre colonne de feu qui vous conduit,
même dans le désert qui semble n'avoir ni
limites, ni fin.

*

Comment dire cela ?

On a touché à quelque chose de si froid que
toute l'année en est atteinte, même au cœur de
l'été.

Parler de glacier serait beaucoup trop beau.
Même parler de pierre enjoliverait cela.

C'est une forme de froid qui atteint, au cœur
du bel été, votre cœur.

Une main trop froide pour être encore de ce
monde.

*

> *Paroles, à peine paroles*
> *(murmurées par la nuit)*
> *non pas gravées dans de la pierre*
> *mais tracées sur des stèles d'air*
> *comme par d'invisibles oiseaux,*

paroles non pas pour les morts
(qui l'oserait encore désormais ?)
mais pour le monde et de ce monde.

*

Le don, inattendu, d'un arbre éclairé par le soleil bas de la fin de l'automne ; comme quand une bougie est allumée dans une chambre qui s'assombrit.

Pages, paroles cédées au vent, dorées elles aussi par la lumière du soir. Même si les a écrites une main tavelée.

Violettes au ras du sol : « ce n'était que cela », « rien de plus » ; une sorte d'aumône, mais sans condescendance, une sorte d'offrande, mais hors rituel et sans pathétique.

Je ne me suis pas agenouillé, ce jour-là, dans un geste de révérence, une attitude de prière ; simplement pour désherber. Alors, j'ai trouvé cette tache d'eau mauve, et sans même que j'en reçoive le parfum, qui d'autres fois m'avait fait franchir tant d'années. C'est comme si, un instant de ce printemps-là, j'avais été changé : empêché de mourir.

Il faut désembuer, désencombrer, par pure amitié, au mieux : par amour. Cela se peut encore, quelquefois. À défaut de rien comprendre, et de pouvoir plus.

À la lumière de novembre, à celle qui fait le moins d'ombre et qu'on franchit sans hésiter, d'un bond de l'œil.

*

La main tenant la rampe
et le soleil d'hiver dorant les murs

le soleil froid dorant les chambres fermées

la gratitude envers l'herbe des tombes
envers les rares gestes de bonté

et toutes les roses éparses des nuages
les braises laineuses des nuages
éparpillées avant que la nuit ne tombe

*

Quand l'esprit s'égare, en souffre-t-il ? Seulement, sans doute, quand il sort de l'égarement pour en prendre conscience. Le vieil homme amaigri, mais encore debout, qui si souvent se croit ailleurs qu'il n'est, revit d'anciennes scènes de sa vie ou en invente de nouvelles : souffre-t-il, dans cet ailleurs ? Peut-être pas, le temps qu'il y croit. Il se déplace en lui-même moins difficilement que dans l'espace réel.

Mais je me redis une fois encore qu'il ne faudrait pas se tourmenter avant le temps, se laisser hanter par ce qui n'est pas encore, si menaçant, imminent que cela puisse être.

Écrire simplement «pour que cela chantonne». Paroles réparatrices; non pour frapper, mais pour protéger, réchauffer, réjouir, même brièvement.

Paroles pour redresser le dos; à défaut d'être «ravis au ciel», comme les Justes.

Jusqu'au bout, dénouer, même avec des mains nouées.

*

À la fin d'un énième rêve d'égarement où, sortant, si je me souviens bien, d'un théâtre, je m'éloignais toujours plus des quartiers habités, je me suis vu descendre un mauvais chemin dans une sorte d'entonnoir où ne poussaient plus que de maigres buissons et de l'herbe par taches entre les pierres. Je descendais, mais j'étais si certain que jamais je n'en remonterais que l'angoisse m'a réveillé. Cette sorte de ravin avait la forme que Dante assigne à l'Enfer, mais c'était un Enfer ordinaire dont même le plus grand esprit ne pouvait espérer revenir.

*

Un peu après quatre heures de l'après-midi, la demi-lune couleur de nuage entre de vrais nuages, et au-dessous la lumière des soirs d'hiver, aussi violente que celle d'une rampe de théâtre, sur les derniers feuillages qui font alors penser à un nid, à une crèche de paille. Où l'on voudrait coucher ses pensées, gagnées lentement par le froid.

*

APRÈS COUP

Ainsi donc :

aucun progrès, pas le plus petit pas en avant, plutôt quelques reculs, et rien que des redites.

Pas une vraie pensée. Rien que des humeurs ; des variations d'humeur, de moins en moins cohérentes ; rien que des morceaux, des bribes de vie, des apparences de pensées, des fragments sauvés d'une débâcle ou l'aggravant. Des moments épars, des jours disjoints, des mots épars, pour avoir touché de la main une pierre plus froide que le froid.

Loin de l'aube, en effet.

Ce qu'on ne peut pas ne pas dire, tout de même, parce qu'on l'a touché du doigt. La main froide comme une pierre.

Si vite qu'écrivent les martinets, si haut qu'ils tracent leurs signes dans le ciel d'été, les morts ne peuvent plus les lire. Et moi, qui les vois encore avec une espèce de joie, ils ne m'enlèveront pas au ciel.

Au-dessous d'eux, ces ébauches d'ignare. Une brève et pure échappée, des velléités d'ascension, et la plus longue rechute dans les cailloux, la plus longue reculade.

Dans la détresse des fuyards qui est comme une neige où plus aucune trace de cœur ne serait visible, jamais. Ou comme un linge qui refuserait de plus jamais porter l'empreinte d'un visage, ni même d'une main.

(Quelqu'un écrit encore pourtant sur les nuages.)

... ...
... ...

Ce peu de bruits…

Sentiment de la fin d'un monde hors duquel
je ne pourrais plus respirer.

*

Couleurs du soir soudain comme des vitres
(ou des élytres)
        seulement ce soir-là en ce lieu-là

        mirage silencieux

        passage ouvert dans la transparente obscurité
        vitrage limpide comme s'il y avait là une lamelle
d'eau, une mince couche d'eau pure
        sur tout le paysage, les prairies, les haies, les
rochers

        comme si une figure dont on ne verrait que le
dos
        vous invitait gracieusement à entrer
        dans la nuit la plus claire jamais rêvée.

*

Si c'était la lumière qui tenait la plume,
l'air même qui respirait dans les mots,
cela vaudrait mieux.

*

Le reflet des lampes sur la vitre. Poèmes, comme
un reflet qui ne s'éteindrait pas fatalement avec
nous.

*

Les églantines, si brèves, si claires, presque
impondérables, et pour lesquelles on donnerait
tous les rosiers du monde ; cependant qu'on
écoute le dernier essai de chant d'un rossignol
fatigué ou désabusé, comme une fusée qui ferait
long feu.

*

Un effort, in extremis, pour se rejoindre, sur
le fond d'or du froid dans les feuillages : on n'y
peindra plus d'icônes, mais peut-être autre
chose, une autre espèce de visage, ou seulement
quelques signes de vie, et même s'il s'écaille.

*

Salut à l'or éparpillé du crépuscule d'hiver,
aux dernières feuilles qui se détachent des
arbres, à leurs branches éclairées qui bougent.

Feuillages qui s'apaisent avant la nuit, portant
l'espace — comme tous ces oiseaux cachés dans
le grand laurier commencent enfin à se taire. Le
ciel cependant s'est éclairci, a presque perdu
couleur, sauf près de la terre où il est encore un
peu rose ; il n'est plus du ciel, il est ce qui ne fait
plus obstacle à rien, ce qui ne pèse pas, il n'est
au mieux que de l'air que les derniers nuages en
mouvement ne troublent même pas — tandis
que la montagne lointaine devient elle aussi
nuage, mais en suspens, immobile. Et qu'est-ce
alors que l'étoile qui soudain scintille au cou-
chant ? Un ornement de l'air pour une oreille,
un cou, un poignet cachés ? Un signe en route
vers nous autres du fond sombre du temps ? Une
braise qui aurait subsisté d'un feu immémorial ?
Ne l'ennuageons pas de trop de mots, fussent-ils
les plus clairs qui viennent à l'esprit ! Effaçons-
les plutôt sans attendre. Qu'il ne reste plus
qu'une abeille précédant l'essaim de ses sœurs.

*

Couleurs du ciel hier soir, sous des nuages de
cendre et de neige pesants comme des mon-
tagnes : du rose, du jaune et du vert ; plus exac-
tement, du presque rose, de l'à peine jaune et
de l'à peine vert, des bandes de soie superposées

de la nuance la plus délicate, transparente, doucement lumineuse avant l'obscurité — des fleurs allongées côte à côte avec soin dans un cageot invisible — une muette invitation à rejoindre Flore à l'horizon.

*

La pleine lune au-dessus de la Lance enneigée : lune de la même « couleur » que la neige, de la même matière qu'elle, comme si elle en était un fragment envolé. Cela ne lave pas les taches de sang, pas mieux que ne l'ont jamais fait « tous les parfums d'Arabie ».

*

Les jours ont cessé de raccourcir. C'est quelque chose qui aide immanquablement à revivre, comme une petite cuillerée de lumière de plus ; ou, plus noblement, comme le soulèvement d'une dalle, imperceptible.

C'est aussi comme si l'on s'élevait de quelques mètres au cours de sa marche, pour voir un peu plus loin devant soi.

*

(Ce peu de bruits qui parviennent encore jusqu'au cœur,
    cœur de presque fantôme.

Ce peu de pas risqués encore vers le monde dont on dirait qu'il s'éloigne, quand c'est plutôt le cœur qui le fait, de mauvais gré.

Pas de plainte là-dessus toutefois, rien qui couvrirait les ultimes rumeurs ; pas une seule larme qui brouillerait la vue du ciel de plus en plus lointain.

Paroles mal maîtrisées, mal agencées, paroles répétitives, pour accompagner encore le voyageur comme une ombre de ruisseau.)

Je me redresse avec effort et je regarde   7

I. 1946-1961

L'EFFRAIE

La nuit est une grande cité endormie   13
Comme je suis un étranger dans notre vie   14
Sois tranquille, cela viendra ! Tu te rapproches 15
Ninfa   16
La semaison   18
Les eaux et les forêts   25

L'IGNORANT

Le secret   31
La voix   32
L'hiver   33

L'ignorant   35
Le travail du poète   36
La veillée funèbre   38
Les gitans   39
Paroles dans l'air   40
Blessure vue de loin   42
Le locataire   44
Le combat inégal   46
L'insurrection au-delà des chênaies   48
Dans un tourbillon de neige   50
Les distances   52
Le livre des morts   53

LA PROMENADE
SOUS LES ARBRES

Sur les pas de la lune   63
Nouveaux conseils de la lune   67

ÉLÉMENTS D'UN SONGE

À la longue plainte de la mer, un feu répond   77
La nuit des agneaux   97

NOTES DE CARNET (*La Semaison*) I   105

AIRS

FIN D'HIVER   121

Peu de chose, rien qui chasse   123
Une semaison de larmes   124
Dans l'herbe à l'hiver survivant   125
Vérité, non-vérité…   126
Lune à l'aube d'été   127
Lune d'hiver   128
Jeunesse, je te consume…   129
Au dernier quart de la nuit   130
Là où la terre s'achève   131
Ô compagne du ténébreux   132
Dans l'enceinte du bois d'hiver   133

OISEAUX, FLEURS ET FRUITS   135

Une paille très haut dans l'aube   137
Toute fleur n'est que de la nuit   138
Je marche   139
Ce qui brûle en déchirant l'air   140
Tout à la fin de la nuit   141
Une aigrette rose à l'horizon   142
L'œil   143
Qu'est-ce que le regard ?   144
Ah ! l'idylle encore une fois   145
Je ne veux plus me poser   146
Martinets   147
Dans cette douce ardeur du jour   148
Fruits   149

La foudre d'août 151
Fruits avec le temps plus bleus 152
Le souci de la tourterelle 153
Feuilles ou étincelles de la mer 154
Où nul ne peut demeurer ni entrer 155
Images plus fugaces 156

CHAMP D'OCTOBRE 157

La parfaite douceur est figurée au loin 159
Tout un jour les humbles voix 160
Les chèvres dans l'herbage 161
La terre tout entière visible 162
Pommes éparses 163
Dans l'étendue 164
Oiseaux 165
Aube 166
J'ai de la peine à renoncer aux images 167
Arbres I 168
Arbres II 169
Arbres III 170
Je garderai dans mon regard 171
Il y aura toujours dans mon œil cependant 172
Et des nuages très haut dans l'air bleu 173

PAYSAGES AVEC FIGURES ABSENTES

Bois et blés 177
La tourterelle turque 183
Oiseaux invisibles 187

NOTES DE CARNET (*La Semaison*) II 193

III. 1971-1983

LEÇONS

Qu'il se tienne dans l'angle de la chambre	217
Autrefois	218
Raisins et figues	219
Je ne voudrais plus qu'éloigner	221
Sinon le premier coup, c'est le premier éclat	222
Une stupeur	223
Entre la plus lointaine étoile et nous	224
Mesurez, laborieux cerveaux, oui, mesurez	225
Muet. Le lien des mots commence à se défaire	226
« Qui m'aidera ? Nul ne peut venir jusqu'ici. »	227
C'est sur nous maintenant	228
On peut nommer cela horreur, ordure	229
Misère	230
Un simple souffle, un nœud léger de l'air	231
On le déchire, on l'arrache	232
Plus aucun souffle	233
Déjà ce n'est plus lui	234
J'ai relevé les yeux	235
L'enfant, dans ses jouets, choisit, qu'on la dépose	236
S'il se pouvait (qui saura jamais rien ?)	237
Plutôt, le congé dit, n'ai-je plus eu qu'un seul désir	238
Et moi maintenant tout entier dans la cascade céleste	239
Toi cependant	240

CHANTS D'EN BAS

Je l'ai vue droite et parée de dentelles	243

PARLER   245

Parler est facile, et tracer des mots sur la page   247
Chacun a vu un jour   249
Parler pourtant est autre chose, quelquefois   251
Y aurait-il des choses qui habitent les mots   253
Assez ! oh assez   254
J'aurais voulu parler sans images, simplement   255
Parler donc est difficile, si c'est chercher…   256
Déchire ces ombres enfin comme chiffons   257

Je t'arracherais bien la langue, quelquefois   259

À LA LUMIÈRE D'HIVER

I

Fleurs, oiseaux, fruits, c'est vrai, je les ai conviés   263
« Oui, oui, c'est vrai, j'ai vu la mort au travail »   265
« Lapidez-moi encore de ces pierres du temps »   266
Un homme qui vieillit est un homme plein d'images   267

II

Aide-moi maintenant, air noir et frais, cristal   269
Une étrangère s'est glissée dans mes paroles   272
Nuages de novembre, oiseaux sombres par bandes…   274
… Et le ciel serait-il clément tout un hiver   276
Tout cela qui me revient encore — peu souvent —   277
Les larmes quelquefois montent aux yeux   279
L'hiver, le soir   280
Écoute, vois : ne monte-t-il pas quelque chose   281
Sur tout cela maintenant je voudrais   282
Fidèles yeux de plus en plus faibles jusqu'à   283

BEAUREGARD

TROIS FANTAISIES   287

Mars   289
Avril   294
Mai   299

PENSÉES SOUS LES NUAGES

ON VOIT   307

On voit les écoliers courir à grands cris   309
L'âme, si frileuse, si farouche   310
Tant d'années   311
Elle s'approche du miroir rond   312
Derrière la fenêtre dont on a blanchi le cadre   313
Quelqu'un tisse de l'eau   314
On est encore pour un temps dans le cocon...   315
On voit ces choses en passant   316

PENSÉES SOUS LES NUAGES   317

À HENRY PURCELL   323

Écoute : comment se peut-il   325
Il nous a fait entendre le passage des brebis   326
Ne croyez pas qu'il touche un instrument   327
Songe à ce que serait pour ton ouïe   328
On imagine une comète   329
Nul doute, cette fois les voyageurs   330
Pendant que je t'écoute   331
Tu es assis   332

NOTES DE CARNET(*La Semaison*) III   333

IV. 1984-1989

NOTES DE CARNET(*La Semaison*) IV   359

V. 1990-1999

CAHIER DE VERDURE

Le cerisier   383
Blason vert et blanc   392

LIBRETTO

DEUX AUBES   405

Le baptême du Christ   407
Riva degli Schiavoni   410

APRÈS BEAUCOUP D'ANNÉES

HAMEAU   417

MUSÉES   427

Un lécythe   429
Dame étrusque   431

LA LOGGIA VIDE   433

APRÈS BEAUCOUP D'ANNÉES   441

Les événements du monde…   443
À la brève rose du ciel d'hiver   447
Tout à la fin de l'hiver   448
Et pour dernier office, enfin   450

NOTES DE CARNET (*La Semaison*) V   451

VI. APRÈS 2000

ET, NÉANMOINS

AYANT RAYÉ LE TITRE   481

ROUGE-GORGE   487

AUX LISERONS DES CHAMPS   493

Encore ?…   495
Fleurs des talus sans rosée…   496
Ce qui s'ouvre à la lumière du ciel…   498
Liserons roses…   499
Choses sans nécessité, sans prix, sans pouvoir…   500
Toute fleur qui s'ouvre…   501
Liserons roses, ou l'une des plus pures paroles…   502
Hölderlin, dans « Le Rhin »…   503
Pour Hölderlin, ce qui « sourd pur »   504

543

Chose donnée au passant...   505
Et s'il y avait un « intérieur » des fleurs...   506
Comme si un homme très voûté...   507

CE PEU DE BRUITS

NOTES DU RAVIN   511

Après coup   524

CE PEU DE BRUITS...   527

Philippe Jaccottet est né à Moudon (Suisse) en 1925. Après des études de lettres à Lausanne, il a vécu quelques années à Paris comme collaborateur des éditions Mermod. À son mariage, en 1953, il s'est installé à Grignan, dans la Drôme.

Philippe Jaccottet a publié de nombreuses traductions, notamment d'Homère, Góngora, Hölderlin, Rilke, Musil, Ungaretti et Mandelstam.

Œuvres :

Aux Éditions Gallimard

L'EFFRAIE ET AUTRES POÉSIES (1953).

L'IGNORANT, poèmes 1952-1956 (1957).

ÉLÉMENTS D'UN SONGE, proses (1961).

L'OBSCURITÉ, récit (1961).

AIRS, poèmes 1961-1964 (1967).

L'ENTRETIEN DES MUSES, chroniques de poésie (1968).

PAYSAGES AVEC FIGURES ABSENTES, proses (1970).

POÉSIE 1947-1967, choix. Préface de Jean Starobinski (1971).

À LA LUMIÈRE D'HIVER, *précédé de* LEÇONS *et de* CHANTS D'EN BAS, poèmes (1977).

PENSÉES SOUS LES NUAGES, poèmes (1983).

LA SEMAISON, carnets 1954-1979 (1984).

À TRAVERS UN VERGER *suivi de* LES CORMORANS *et de* BEAUREGARD, proses (1984).

UNE TRANSACTION SECRÈTE, lectures de poésie (1987).

CAHIER DE VERDURE, proses et poèmes (1990).

APRÈS BEAUCOUP D'ANNÉES, proses et poèmes (1994).

ÉCRITS POUR PAPIER JOURNAL, chroniques 1951-1970 (1994).

À LA LUMIÈRE D'HIVER *suivi de* PENSÉES SOUS LES NUAGES, poèmes (1994).

LA SECONDE SEMAISON, carnets 1980-1994 (1996).

D'UNE LYRE À CINQ CORDES, traductions 1946-1995 (1997).

OBSERVATIONS et autres notes anciennes 1947-1962 (1998).

CARNETS 1995-1998 (La Semaison III) (2001).

ET, NÉANMOINS, proses et poésies (2001).

CORRESPONDANCE AVEC GUSTAVE ROUD 1942-1976. Édition de José-Flore Tappy (2002).

CE PEU DE BRUITS, proses (2008).

CORRESPONDANCE AVEC GIUSEPPE UNGARETTI 1946-1970. Éditions de José-Flore Tappy (2008).

Chez d'autres éditeurs

LA PROMENADE SOUS LES ARBRES, proses, Bibliothèque des Arts (1983, rééd. 2009).

GUSTAVE ROUD, Seghers (1968, rééd. 2002).

RILKE, Points poésie, Le Seuil (1970, rééd. 2006).

LIBRETTO, La Dogana (1990).

REQUIEM, poème, Fata Morgana (1991).

CRISTAL ET FUMÉE, notes de voyage, Fata Morgana (1993).

TOUT N'EST PAS DIT, billets 1956-1964, Le Temps qu'il fait (1994).

HAÏKU, transcriptions, Fata Morgana (1996).

NOTES DU RAVIN, Fata Morgana (2001).

LE BOL DU PÈLERIN. MORANDI, La Dogana (2001).

NUAGES, prose, Fata Morgana (2002).

À PARTIR DU MOT RUSSIE, essais, Fata Morgana (2002).

TRUINAS : LE 21 AVRIL 2001, La Dogana (2004).

ISRAËL, CAHIER BLEU, Fata Morgana (2004).

DE LA POÉSIE, entretiens avec Reynald André Chalard, Arléa (2005).

REMARQUES SUR PALÉZIEUX, Fata Morgana (2005).

POUR MAURICE CHAPPAZ, Fata Morgana (2006).

UN CALME FEU, Liban-Syrie, Fata Morgana (2007).

AVEC ANDRÉ DHÔTEL, Fata Morgana (2008).

COULEUR DE TERRE, Fata Morgana (2009).

LE COMBAT INÉGAL, La Dogana (2010).

DU MÊME AUTEUR

Dans la même collection

POÉSIE 1946-1967. *Préface de Jean Starobinski.*

À LA LUMIÈRE D'HIVER, *précédé de* LEÇONS *et de* CHANTS D'EN BAS *et suivi de* PENSÉES SOUS LES NUAGES.

PAYSAGES AVEC FIGURES ABSENTES.

CAHIERS DE VERDURE *suivi de* APRÈS BEAUCOUP D'ANNÉES.

Dans la collection «Folioplus Classiques»

À LA LUMIÈRE D'HIVER, avec un dossier réalisé par Christine Bénévent.

DERNIÈRES PARUTIONS

306. Nuno Júdice — *Un chant dans l'épaisseur du temps.*

307. Pentti Holappa — *Les Mots longs.*

308. Max Elskamp — *La Chanson de la rue Saint-Paul.*

309. *** — *Anthologie de la poésie religieuse française.*

310. René Char — *En trente-trois morceaux.*

311. Friedrich Nietzsche — *Poèmes. Dithyrambes pour Dionysos.*

312. Daniel Boulanger — *Les Dessous du ciel.*

313. Yves Bonnefoy — *La Vie errante. Remarques sur le dessin.*

314. Jean de la Croix — *Nuit obscure. Cantique spirituel.*

315. Saint-Pol-Roux — *La Rose et les Épines du chemin.*

316. *** — *Anthologie de la poésie française du XVIIIᵉ siècle.*

317. Philippe Jaccottet — *Paysages avec figures absentes.*

318. Heinrich Heine — *Nouveaux poèmes.*

319. Henri Michaux — *L'Espace du dedans.*

320. Pablo Neruda — *Vingt poèmes d'amour. Les Vers du capitaine.*

321. José Ángel Valente — *Trois leçons de ténèbres.*

322. Yves Bonnefoy — *L'Arrière-pays.*

323. André du Bouchet — *l'ajour.*

324. André Hardellet — *La Cité Montgol.*

325. António Ramos Rosa   *Le cycle du cheval.*

326. Paul Celan   *Choix de poèmes.*

327. Nâzim Hikmet   *Il neige dans la nuit.*

328. René Char   *Commune présence.*

329. Gaston Miron   *L'homme rapaillé.*

330. André Breton   *Signe ascendant.*

331. Michel Deguy   *Gisants.*

332. Jean Genet   *Le condamné à mort.*

333. O. V. de L. Milosz   *La Berline arrêtée dans la nuit.*

334. ***   *Anthologie du sonnet français de Marot à Malherbe.*

335. Jean Racine   *Cantiques spirituels.*

336. Jean-Pierre Duprey   *Derrière son double.*

337. Paul Claudel   *Bréviaire poétique.*

338. Marina Tsvétaïéva   *Le ciel brûle* suivi de *Tentative de jalousie.*

339. Sylvia Plath   *Arbres d'hiver* précédé de *La Traversée.*

340. Jacques Dupin   *Le corps clairvoyant.*

341. Vladimír Holan   *Une nuit avec Hamlet.*

342. Pierre Reverdy   *Main d'œuvre.*

343. Mahmoud Darwich   *La terre nous est étroite.*

344. ***   *Anthologie de la poésie française du XXᵉ siècle*, I.

345. ***   *Anthologie de la poésie française du XXᵉ siècle*, II.

346. Pierre Oster   *Paysage du Tout.*

347. Édouard Glissant   *Pays rêvé, pays réel.*

348. Emily Dickinson   *Quatrains et autres poèmes brefs.*

349. Henri Michaux   *Qui je fus* précédé de *Les Rêves et la Jambe.*

350. Guy Goffette   *Éloge pour une cuisine de province* suivi de *La vie promise.*

351. Paul Valéry   *Poésie perdue.*

352. ***   *Anthologie de la poésie yiddish.*

353. ***   *Anthologie de la poésie grecque contemporaine.*

354. Yannis Ritsos — *Le mur dans le miroir.*

355. Jean-Pierre Verheggen — *Ridiculum vitae* précédé de *Artaud Rimbur.*

356. André Velter — *L'Arbre-Seul.*

357. Guillevic — *Art poétique* précédé de *Paroi* et suivi de *Le Chant.*

358. Jacques Réda — *Hors les murs.*

359. William Wordsworth — *Poèmes.*

360. Christian Bobin — *L'Enchantement simple.*

361. Henry J.-M. Levet — *Cartes Postales.*

362. Denis Roche — *Éros énergumène.*

363. Georges Schehadé — *Les Poésies*, édition augmentée.

364. Ghérasim Luca — *Héros-Limite* suivi de *Le Chant de la carpe* et de *Paralipomènes.*

365. Charles d'Orléans — *En la forêt de longue attente.*

366. Jacques Roubaud — *Quelque chose noir.*

367. Victor Hugo — *La Légende des siècles.*

368. Adonis — *Chants de Mihyar le Damascène* suivi de *Singuliers.*

369. *** — *Haiku.* Anthologie du poème court japonais.

370. Gérard Macé — *Bois dormant.*

371. Victor Hugo — *L'Art d'être grand-père.*

372. Walt Whitman — *Feuilles d'herbe.*

373. *** — *Anthologie de la poésie tchèque contemporaine.*

374. Théophile de Viau — *Après m'avoir fait tant mourir.*

375. René Char — *Le Marteau sans maître* suivi de *Moulin premier.*

376. Aragon — *Le Fou d'Elsa.*

377. Gustave Roud — *Air de la solitude.*

378. Catherine Pozzi — *Très haut amour.*

379. Pierre Reverdy — *Sable mouvant.*

380. Valère Novarina — *Le Drame de la vie.*

381. *** — *Les Poètes du Grand Jeu.*

382. Alexandre Blok — *Le Monde terrible.*

383. Philippe Jaccottet — *Cahier de verdure* suivi de *Après beaucoup d'années.*

384. Yves Bonnefoy — *Les planches courbes.*
385. Antonin Artaud — *Pour en finir avec le jugement de dieu.*
386. Constantin Cavafis — *En attendant les barbares.*
387. Stéphane Mallarmé — *Igitur. Divagations. Un coup de dés.*
388. *** — *Anthologie de la poésie portugaise contemporaine.*
389. Marie Noël — *Les Chants de la Merci.*
390. Lorand Gaspar — *Patmos* et autres poèmes.
391. Michel Butor — *Anthologie nomade.*
392. *** — *Anthologie de la poésie lyrique latine de la Renaissance.*
393. *** — *Anthologie de la poésie française du XVIᵉ siècle.*
394. Pablo Neruda — *La rose détachée.*
395. Eugénio de Andrade — *Matière solaire.*
396. Pierre Albert-Birot — *Poèmes à l'autre moi.*
397. Tomas Tranströmer — *Baltiques.*
398. Lionel Ray — *Comme un château défait.*
399. Horace — *Odes.*
400. Henri Michaux — *Poteaux d'angle.*
401. W. H. Auden — *Poésies choisies.*
402. Alain Jouffroy — *C'est aujourd'hui toujours.*
403. François Cheng — *À l'orient de tout.*
404. Armen Lubin — *Le passager clandestin.*
405. Sapphô — *Odes et fragments.*
406. Mario Luzi — *Prémices du désert.*
407. Alphonse Allais — *Par les bois du Djinn.*
408. Jean-Paul de Dadelsen — *Jonas* suivi des *Ponts de Budapest.*
409. Gérard de Nerval — *Les Chimères*, suivi de *La Bohême galante, Petits châteaux de Bohême.*
410. Carlos Drummond de Andrade — *La machine du monde* et autres poèmes.
411. Jorge Luis Borges — *L'or des tigres.*
412. Jean-Michel Maulpoix — *Une histoire de bleu.*

413. Gérard de Nerval — *Lénore* et autres poésies allemandes.

414. Vladimir Maïakovski — *À pleine voix.*

415. Charles Baudelaire — *Le Spleen de Paris.*

416. Antonin Artaud — *Suppôts et Suppliciations.*

417. André Frénaud — *Nul ne s'égare* précédé de *Hæres.*

418. Jacques Roubaud — *La forme d'une ville change plus vite, hélas, que le cœur des humains.*

419. Georges Bataille — *L'Archangélique.*

420. Bernard Noël — *Extraits du corps.*

421. Blaise Cendrars — *Du monde entier au cœur du monde* (Poésies complètes).

422. *** — *Les Poètes du Tango.*

423. Michel Deguy — *Donnant Donnant* (Poèmes 1960-1980).

424. Ludovic Janvier — *La mer à boire.*

425. Kenneth White — *Un monde ouvert.*

426. Anna Akhmatova — *Requiem, Poème sans héros* et autres poèmes.

427. Tahar Ben Jelloun — *Le Discours du chameau* suivi de *Jénine* et autres poèmes.

428. *** — *L'horizon est en feu.* Cinq poètes russes du XXe siècle.

429. André Velter — *L'amour extrême* et autres poèmes pour Chantal Mauduit.

430. René Char & Georges Braque & Jean Arp — *Lettera amorosa.*

431. Guy Goffette — *Le pêcheur d'eau.*

432. Guillevic — *Possibles futurs.*

433. *** — *Anthologie de l'épigramme.*

434. Hans Magnus Enzensberger — *Mausolée* précédé de *Défense des loups* et autres poésies.

435. Emily Dickinson — *Car l'adieu, c'est la nuit.*

436. Samuel Taylor Coleridge — *La Ballade du Vieux Marin* et autres textes.

437. William Shakespeare   *Les Sonnets* précédés de *Vénus et Adonis* et du *Viol de Lucrèce*.

438. ***   *Haiku du XXe siècle*. Le poème court japonais d'aujourd'hui.

439. Christian Bobin   *La Présence pure* et autres textes.

440. Jean Ristat   *Ode pour hâter la venue du printemps* et autres poèmes.

441. Álvaro Mutis   *Et comme disait Maqroll el Gaviero*.

442. Louis-René des Forêts   *Les Mégères de la mer* suivi de *Poèmes de Samuel Wood*.

443. ***   *Le Dîwân de la poésie arabe classique*.

444. Aragon   *Elsa*.

445. Paul Éluard & Man Ray   *Les Mains libres*.

446. Jean Tardieu   *Margeries*.

447. Paul Éluard   *J'ai un visage pour être aimé*. Choix de poèmes 1914-1951.

448. ***   *Anthologie de l'OuLiPo*.

449. Tomás Segovia   *Cahier du nomade*. Choix de poèmes 1946-1997.

450. Mohammed Khaïr-Eddine   *Soleil arachnide*.

451. Jacques Dupin   *Ballast*.

452. Henri Pichette   *Odes à chacun* suivi de *Tombeau de Gérard Philipe*.

453. Philippe Delaveau   *Le Veilleur amoureux* précédé d'*Eucharis*.

454. André Pieyre de Mandiargues   *Écriture ineffable* précédé de *Ruisseau des solitudes* de *L'Ivre Œil* et suivi de *Gris de perle*.

455. André Pieyre de Mandiargues   *L'Âge de craie* suivi de *Dans les années sordides*, *Astyanax* et *Le Point où j'en suis*.

456. Pascal Quignard   *Lycophron et Zétès*.

457. Kiki Dimoula   *Le Peu du monde* suivi de *Je te salue Jamais*.

458. Marina Tsvétaïéva   *Insomnie* et autres poèmes.

459. Franck Venaille   *La Descente de l'Escaut* suivi de
Tragique.

460. Bernard Manciet   *L'Enterrement à Sabres.*

461. ***   *Quelqu'un plus tard se souviendra
de nous.*

462. Herberto Helder   *Le poème continu.*

463. Francisco de Quevedo   *Les Furies et les Peines.*
102 sonnets.

464. ***   *Les Poètes de la Méditerranée.*

465. René Char & Zao Wou-Ki   *Effilage du sac de jute.*

466. ***   *Poètes en partance.*

467. Sylvia Plath   *Ariel.*

468. André du Bouchet   *Ici en deux.*

469. L.G Damas   *Black-Label* et autres poèmes.

470. Philippe Jaccottet   *L'encre serait de l'ombre.*

471. ***   *Mon beau navire ô ma mémoire*
Un siècle de poésie française.
Gallimard 1911-2011.

472. ***   *Éros émerveillé.*
Anthologie de la poésie érotique
française.

473. William Cliff   *America* suivi de *En Orient.*

474. Rafael Alberti   *Marin à terre* suivi de *L'Amante*
et de *L'Aube de la giroflée.*

475. ***   *Il pleut des étoiles dans notre lit.*
Cinq poètes du Grand Nord

476. Pier Paolo Pasolini   *Sonnets.*

477. Thomas Hardy   *Poèmes du Wessex*
et autres poèmes.

478. Michel Deguy   *Comme si Comme ça.*
Poèmes 1980-2007.

479. Kabîr   *La Flûte de l'Infini.*

480. Dante Alighieri   *La Comédie.*
Enfer – Purgatoire – Paradis.

481. William Blake   *Le Mariage du Ciel et de l'Enfer*
et autres poèmes.

Ce volume,
le quatre cent soixante-dizième
de la collection Poésie,
a été composé par Interligne
et achevé d'imprimer par CPI Bussière
à Saint-Amand (Cher), le 8 décembre 2012.
Dépôt légal : décembre 2012.
1er dépôt légal dans la collection : novembre 2011.
Numéro d'imprimeur : 124296/4.

ISBN 978-2-07-044145-7./Imprimé en France.

251098